Bücher für Gartenfreunde

BfG

Volkmar Kindt

Speisepilze selbst angebaut

Ein Ratgeber
für den Anbau von Champignons,
Kulturträuschlingen,
Austernseitlingen und
Schopftintlingen

Mit 34 Abbildungen

VEB Deutscher
Landwirtschaftsverlag
Berlin

Bildnachweis

Fotos: Steinicke, Döbeln 2, Verfasser 15, Voigt, VEG Dieskau 8
Zeichnungen nach Vorlagen des Verfassers

5. überarbeitete Auflage 1990

DDR 1040 Berlin, Reinhardtstr. 14
Lizenznummer 101-175/504/90
LSV 4339
Lektor: Diplomgärtner Karin Rohloff
Umschlaggestaltung: R. Wendt/Ch. Gottschlich
Printed in the GDR
Gesamtherstellung: GG Dresden
Bestellnummer 559 707 4

ISBN 3-331-00485-5

00300

Inhaltsverzeichnis

Zur Biologie des Kulturchampignons

Die Pilze bilden einen Teil der Pflanzenwelt, der seit Jahrhunderten das besondere Interesse der Botaniker, Land- und Forstwirte, Mediziner und Gärungschemiker auf sich lenkt. Nicht nur auf die Vielfältigkeit des Reiches der Pilze, das sich von den Hefe- und Schimmelpilzen bis zu den höherentwickelten Speisepilzen des Waldes erstreckt und besonders die Botaniker und Naturfreunde interessiert, sondern auch auf die Bedeutung der Pilze für die Human- und Veterinärmedizin, die Nahrungs- und Genußmittelindustrie und die Land- und Forstwirtschaft sei in diesem Zusammenhang hingewiesen.

Die höherentwickelten Pilzarten bilden ein verzweigtes System einzelner Zellfäden. Dieses meist weiße Geflecht wird als »Myzelium« bezeichnet. Unter abgestorbenem Laub, im Wald- und Wiesenhumus, im vermorschenden Holz ist es unschwer zu entdecken. Diese Myzelien durchwuchern die abgestorbene Pflanzensubstanz und entnehmen ihr daraus die für Wachstum und Entwicklung erforderlichen Nährstoffe. Andere Pilze entwickeln sich an lebenden Pflanzenteilen und entziehen diesen die Nährstoffe.

Die ausschließlich von abgestorbener pflanzlicher oder tierischer Substanz lebenden Pilzarten bezeichnet man als Fäulnisbewohner. Zu ihnen gehören im Prinzip auch alle in dieser Broschüre behandelten Pilzarten. Die Gattung Champignon, mit der botanischen Bezeichnung *Agáricus*, tritt in einer Vielzahl von Arten auf Wiesen und Weiden, an Mistplätzen, in Gärten und Wäldern auf. Die meisten von ihnen sind hochwertige Speisepilze, lassen sich jedoch nicht ohne weiteres kultivieren. An Stellen,

Abb. 1 Kulturchampignons

wo halbverrotteter Stalldung liegengeblieben ist, kann man jedoch eine Art finden, die sich leicht kultivieren läßt und die botanische Bezeichnung *Agáricus bispórus* erhielt. Sie wurde in Kultur genommen. Im Laufe von Jahrzehnten entstanden zahlreiche Stämme, die sich äußerlich, besonders in der Farbe des Hutes voneinander unterscheiden. Aus ihnen entwickelten sich unter der Hand des Züchters die verschiedenen Sorten des Kulturchampignons.

Auch die Entwicklung dieses Pilzes beginnt mit der Ausbildung eines bisweilen filzartigen, häufig auch fädigen *Geflechts* von bläulich-weißer Färbung und charakteristischem angenehmem Duft. Dieses wächst und entwickelt sich in einem geeigneten Nährboden und bei ausreichender Feuchtigkeit und Wärme zügig. Bei allen höherentwickelten Pilzarten, so auch beim Champignon, werden von diesem Pilzgeflecht (Myzelium) charakteristische *Fruchtkörper* gebildet, die beim Champignon und vielen anderen Arten in »Hut« und »Stiel« gegliedert sind. Während der Stiel des Champignon-Fruchtkörpers immer weiß ist, hat die Hutoberseite je nach der vorliegenden Sorte eine braune, hellbraune, cremefarbene, cremeweiße Färbung oder ist reinweiß. Die Hutunterseite, die bei den jungen Fruchtkörpern zunächst durch ein Häutchen zwischen Hutrand und Stiel verdeckt wird, zeigt nach dem Aufreißen dieses Häutchens mit zunehmender Ausreifung der Pilze zunächst eine rosa, später rotbraune bis dunkelrostbraune Färbung.

An den Fruchtkörpern werden die *Sporen* ausgebildet. Sie sind die Keimzellen für neues Pilzwachstum und haben etwa dieselbe Funktion wie die Samen unserer grünen Kulturpflanzen. Wenn man unter einen ausreifenden, seinen Hut öffnenden Fruchtkörper ein Stück weißes Papier legt, kann man nach einigen Tagen feststellen, daß auf dem Papier ein ganz feiner Staub liegt, der aus Millionen winziger Sporen besteht und die gleiche rostbraune Farbe hat wie die *Lamellen* an der Hutunterseite des inzwischen völlig geöffneten Fruchtkörpers. An diesen Lamellen werden die Sporen ausgebildet. Nur ein winziger Bruchteil von ihnen findet unter natürlichen Bedingungen die Voraussetzungen (Nährboden, Klima usw.), die zur Keimung der Sporen und zur Bildung eines neuen Myzels erforderlich sind.

Die Champignonzüchter haben im Verlauf von Jahrzehnten Methoden entwickelt, mit deren Hilfe sie die Sporen unter Laboratoriumsbedingungen zur Keimung bringen. Das sich entwickelnde Myzel vermehren sie weiter, überimpfen es auf geeignete Nährböden und bringen diese, wenn sie völlig vom Myzel durchwachsen sind, als sogenannte Champignonbrut in den Handel. Der Champignonanbauer beimpft mit dieser Brut die Kulturbeete aus dem von ihm vorbereiteten Nährsubstrat, in denen dann das Myzelium aus der Champignonbrut herauswächst und das neue Nährsubstrat »durchspinnt«. Nach etwa drei bis vier Wochen sind die Beete völlig vom Champignonmyzel durchzogen. In der Zwischenzeit hat der Champignonanbauer die Beetoberfläche mit einer etwa 4 cm starken Schicht einer geeigneten Erdmischung bedeckt. Wenige Tage später wächst bereits das Pilzgeflecht in diese Erdschicht hinein, und es bilden sich darin die ersten Fruchtkörperanlagen. Etwa in 5 Wochen, nachdem der Anbauer die Beete angelegt und »beimpft« hat, ist dieser Zeitpunkt erreicht, und bereits nach einer weiteren Woche kann er die ersten Champignons ernten. Nachdem die meisten der ersten herangereiften Fruchtkörper geerntet wurden, bilden sich bereits wieder neue Fruchtkörper aus. Dieser Vorgang wiederholt sich im Verlauf von etwa acht bis zwölf Wochen ständig, so daß während dieses Zeitraumes kontinuierlich geerntet werden kann. Dann ist die Ertragsleistung der Beete erschöpft, die Anzahl der sich erneut bildenden Fruchtkörper wird immer kleiner, und schließlich hört die Ertragsbildung gänzlich auf. Der Anbau ist nun beendet, liefert jedoch in Form des abgetragenen Champignonsubstrats noch einen wertvollen Humusdünger.

Diese Entwicklung ist natürlich nur unter günstigen klimatischen Voraussetzungen möglich. Sie vollzieht sich gänzlich *unabhängig vom Licht.* Demzufolge kann man in einem dunklen Keller ebensogut Champignons kultivieren wie in einem hellen Gewächshaus. Für die Stoffwechselprozesse des Champignons und der meisten Pilzarten hat das Licht keine Bedeutung.

Indem der Champignonanbauer also alle Voraussetzungen für eine normale Entwicklung schafft, unter denen sich der Champignon der Art *Agáricus bispórus* unter natürlichen Verhältnissen entwickelt, wird er zum »Pilzgärtner«.

Ähnlich, wie zuvor am Beispiel des Champignons dargestellt wurde, vollzieht sich die biologische Entwicklung auch bei den anderen in dieser Broschüre behandelten Speisepilzarten. Die Besonderheiten (Erscheinungsbild der Fruchtkörper, Myzelwuchs, spezifische Nährstoffansprüche, Lichtbedürftigkeit u. a.) sind bei den speziellen Ausführungen zu den einzelnen Pilzarten nachzulesen.

Standortwahl

Wo kann man Champignons am besten anbauen? Die freilebenden Vertreter ihrer Art wachsen in der freien Natur. Der Pilzfreund weiß aber, daß es gute und schlechte Pilzjahre gibt, daß er in manchen Jahren an den Stellen, wo sonst bestimmte Arten guter Speisepilze in verhältnismäßig großer Anzahl zu finden sind, nicht einen einzigen Fruchtkörper antrifft. Die Ursache dafür sind die unterschiedlichen klimatischen Verhältnisse in den einzelnen Jahren oder Monaten. Je mehr der Standort, an dem Champignons angebaut werden sollen, diesen Einflüssen ausgesetzt ist, um so unterschiedlicher werden die Anbauergebnisse sein.
Die Ansprüche, die der Champignon an das ihn unmittelbar beeinflussende Klima stellt, sind genau bekannt. Die besten Ergebnisse wird man also an dem Standort erzielen, wo diese Ansprüche mittels klimatechnischer Anlagen völlig unabhängig vom Außenklima erfüllt werden. Beim modernen Großanbau führt man deshalb den Anbau in Spezialräumen durch, in denen alle Klimafaktoren (Temperatur, Luftfeuchtigkeit, Luftwechsel, Luftbewegung usw.) den jeweiligen Entwicklungsbedingungen entsprechend technisch reguliert werden. Der Kleinanbauer dagegen muß mit den ihm gegebenen Möglichkeiten zurechtkommen, und zwar ohne größeren technischen Aufwand.

Mindestforderungen an den Standort

Betrachten wir also zunächst die Mindestforderungen, die in bezug auf das Raumklima zu erfüllen sind:

1. Während der ersten drei Wochen nach dem Anlegen

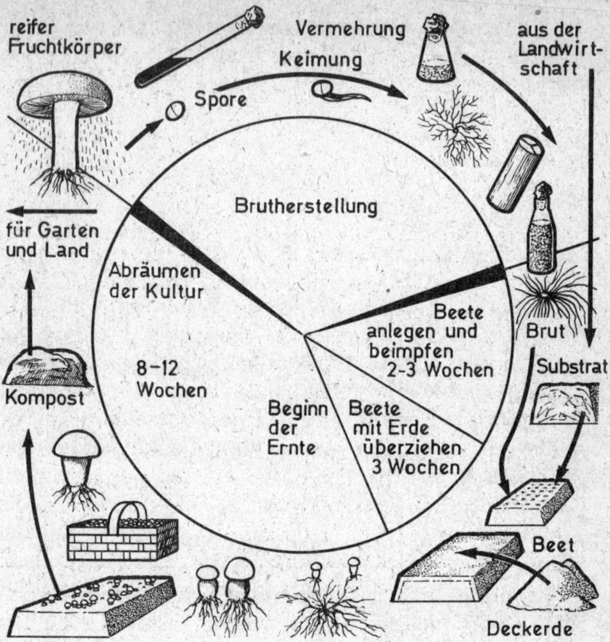

Abb. 2 Biologischer und technologischer Kreislauf im Champignonanbau

der Beete müssen in den Beeten Temperaturen von mindestens 18 °C und höchstens 26 bis 28 °C gehalten werden. Die günstigste Beettemperatur für diese Periode liegt bei 23 °C. Größere Schwankungen der Beettemperatur sind zu vermeiden. Sofern diese Bedingungen erfüllt werden, hat die Raumtemperatur in dieser Zeit nur zweitrangige Bedeutung.

2. Im späteren Verlauf ist die Lufttemperatur um die Beetanlagen von entscheidener Bedeutung. Sie soll möglichst gleichmäßig bei 16 °C gehalten werden. Ein Anstieg der Lufttemperatur auf mehr als 18 bis 20 °C ist unter allen Umständen zu verhindern. Ein zeitweiliger Rückgang der Lufttemperatur auf weniger als 12 °C ist ebenfalls zu vermeiden, wirkt sich jedoch nicht so nachteilig aus wie ein Temperaturanstieg über 20 °C. Im allgemeinen soll

die Lufttemperatur den Schwankungsbereich von 12 bis 18 °C nicht überschreiten und auch innerhalb dieses Bereiches möglichst gleichmäßig bei 15 bis 16 °C gehalten werden.

3. Während der ersten drei Wochen nach dem Anlegen sollte jede spürbare Luftbewegung über den Beeten verhindert werden.

4. Nach den ersten drei Anbauwochen muß es möglich sein, die verbrauchte Luft über den Beetanlagen durch frische Luft zu ersetzen, ohne daß es auch dabei zu stärkerer Luftbewegung kommen darf.

5. Unter allen Umständen ist zu verhindern, daß das Nährsubstrat während des Anbaus Feuchtigkeit aufnimmt, z. B. durch Tropfenfall auf die Beetoberfläche, Wasseraufnahme vom Untergrund (bei unmittelbar auf dem Fußboden angelegten Beeten) oder durch Bildung von Kondenswasser in oder über den Beeten.

Champignonanbau im Freiland

Es ist verständlich, daß sich diese Forderungen bei einem Anbau im Freien nur schwer erfüllen lassen. Deshalb ist diese Anbauform auch mit einer großen Unsicherheit verbunden. Abbildung 3 ist die Skizze einer Champignonanlage im Freien. Nach Möglichkeit wird unter dichten Schatten spendenden Bäumen und an einem *windge-*

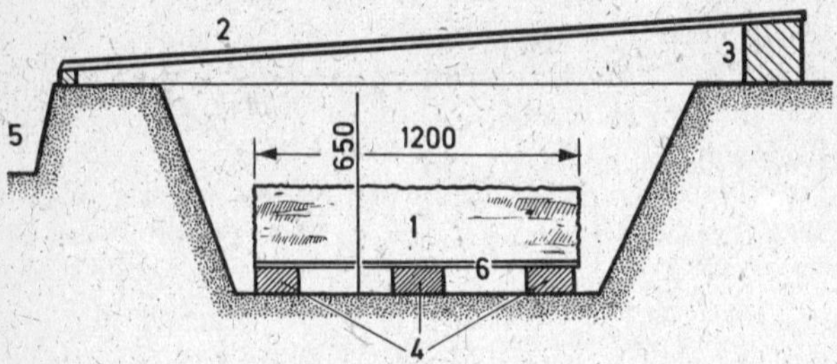

Abb. 3 Champignonanlage im Freien (Querschnitt)
1 Nährsubstrat (Beet), 2 Wellasbestbetonplatte, 3 Kantholz, 4 Ziegelsteine, 5 Abflußrinne, 6 Asbestbetonplatte (eben)

schützten Standort eine 600 bis 650 mm tiefe Grube in Nord-Süd-Richtung ausgehoben, die oben etwa 1650 mm und an der Sohle 1250 mm breit ist. Sie hat demzufolge leicht nach außen geneigte Seitenwände. Diese und der Grubenboden werden geglättet und danach in drei Längsreihen Ziegelsteine im Abstand von etwa 40 cm verlegt, deren obere Kante etwa 80 bis 100 mm über Bodenhöhe steht. Sie dienen als Unterlage für in Längsrichtung der Grube verlegte Bretter. Auf diesen Unterbau legt man 1200 mm breite *Platten* als Unterlage für das Nährsubstrat. Neben der Grube wird ein entsprechend langes Kantholz verlegt. Es dient als Auflage für quer über die Grube gedeckte Platten. Diese Platten sollen alle Niederschläge von der Grube fernhalten und das Wasser in eine Rinne ableiten, die neben der Grube angelegt wird. Sie sind zur Abflußrinne leicht geneigt und liegen an den Seiten in einer Breite bis zu 100 mm übereinander. Wenn am Beet gearbeitet werden soll, werden sie vorher von zwei Personen nacheinander abgenommen. Gegen Windbruch sind sie zu sichern.
Die Beete im Freien werden in der Regel Mitte Juli angelegt. Die Ernte beginnt dann Ende August und hält bis Ende Oktober an.

Champignonanbau in vorhandenen Räumen

Mit größerer Sicherheit kann der Anbau in vorhandenen festgebauten Räumen durchgeführt werden, z. B. in nicht oder zeitweilig nicht genutzten Kellerräumen aller Art, Stallgebäuden, Garagen, Lagerräumen, Gewächshäusern usw. Dabei erhebt sich zunächst die Frage, wie groß die Anbaufläche sein müßte, damit der Bedarf einer vierköpfigen Familie an Champignons jederzeit gedeckt werden kann. Bei einem Verbrauch von 1 kg je Woche ergibt sich ein Jahresbedarf von 50 kg. Diese Menge fällt von etwa 6 bis 10 m^2 Anbaufläche bei einer Nutzung, 3 bis 5 m^2 Anbaufläche bei zweimaliger Nutzung an. Der überwiegende Teil der anfallenden Pilze müßte allerdings konserviert werden.
Zu welcher Jahreszeit in den vorhandenen Räumen Champignons am sichersten angebaut werden könnten,

Abb. 4 Champignonanbau im Keller

ist weitgehend von der bautechnischen Beschaffenheit der Wände und Decken sowie von der Möglichkeit der Beheizung abhängig.

In massiv überbauten, während der heißen Jahreszeit kühlen, gut lüftbaren *Kellerräumen*, die im Winter zu beheizen sind, können zu jeder Zeit Champignons angebaut werden. Man wird die Sommernutzung Mitte Juni beginnen, so daß von diesem Zeitpunkt bis Anfang August keine Anlage im Ertrag ist, um Ausfälle durch zu hohe Temperaturen zu vermeiden. Unter den genannten Bedingungen sind im Jahresablauf drei Anbaufolgen hintereinander möglich, denn die Gesamtdauer einer Nutzung erstreckt sich über etwa vier Monate.

In nicht heizbaren Räumen dieser Art sind höchstens zwei Folgen hintereinander möglich. Die erste wird Anfang Mai angelegt, die zweite Anfang September. In den meisten Fällen wird jedoch nur eine einmalige Nutzung möglich sein, die Mitte Juli beginnt.

In heizbaren Räumen mit massiver Decke und Wänden aus Stein oder Beton, die sich in einstöckigen Gebäuden befinden und sich im Sommer leicht erwärmen, sind folgende Termine des Anlegens möglich: die Sommernutzung Mitte bis Ende Juli, die Winternutzung Mitte bis Ende November; bei der letzteren beginnt die Ernte um Weihnachten. Gegebenenfalls ist auch noch eine Frühjahrsnutzung mit Beginn um Mitte bis Ende März möglich, die jedoch mit einem größeren Risiko verbunden ist. Sind diese Räume nicht heizbar, wird die einzig mögliche Sommernutzung Mitte Juli angelegt. Weitere Anbautermine sind ohne besondere Maßnahmen unter den genannten Umständen dann kaum möglich.

In *Gebäuden von leichter Bauweise* (Decke aus Holz oder Leichtbauplatten, unverputzt, fehlende Zwischendecke) und Gewächshäusern, die nicht heizbar sind, ist nur ein einmaliger Anbau möglich, der Ende Juli beginnt. Sind diese Räume jedoch heizbar, beginnt der erste Anbau Mitte bis Ende August, der zweite Mitte bis Ende Dezember. Ein dritter ist mit einem großen Risiko verbunden und nicht zu empfehlen.

Bei *Räumen in einzeln stehenden Gebäuden,* die nur ein leichtes Dach haben, sollte dieses durch Auflegen von Strohdecken, Rohrdecken, trockenem Gras usw. beschattet werden, wenn kurz vor oder während der Ertragsperiode sehr warmes Wetter einsetzt. Bei Gewächshäusern schützt diese Maßnahme zugleich gegen stärkere nächtliche Abkühlung und sollte in jedem Fall durchgeführt werden. Es ist günstig, wenn die ebenerdigen Anbauräume unter dem Schattendach hoher Bäume liegen.

Beheizung für den Winteranbau

Zur Beheizung vorhandener Räume sind alle vorkommenden Heizungssysteme geeignet, sofern die Wärmezuführung regulierbar ist. Wenn die Beete durch die Raumwärme aufgeheizt werden sollen, ist es erforderlich, eine Temperatur von mindestens 16 bis maximal 23 °C zu halten.

Wenn keine Heizung vorhanden ist, der Anbau jedoch auch im Winter und Frühjahr beabsichtigt ist, muß eine Beheizungsmöglichkeit geschaffen werden. Am besten eignet sich eine Warmwasserheizung, aber auch mit einem einfachen Kohleofen (Dauerbrandofen) kann man sich helfen. In jedem Fall muß für einen guten Abzug der

Verbrennungsgase gesorgt werden. Die Raumluft darf nicht mit Rauch, Kohlendioxid und anderen Gasen durchsetzt werden, weil sonst unter Umständen starke Schäden an den Beständen eintreten. Sich stark erhitzende Heizkörper sind mit Mauersteinen so abzuschirmen, daß die Strahlungswärme nicht direkt auf die Beete trifft. Auch elektrische Heizkörper oder Warmluftheizapparate dürfen niemals direkt auf die Beete gerichtet werden.

Be- und Entlüftung

Auf die Notwendigkeit der Be- und Entlüftung der Anbauräume wurde bereits hingewiesen. Wir bedienen uns dabei vorhandener *Lüftungsöffnungen*, Fenster, Luftschächte und Türen. Für Räume mit einer Bodenfläche bis zu 20 m^2 ist eine solche Öffnung außer der Eingangstür völlig ausreichend. Sie muß verschließbar sein. Für niedrige Räume, die größer sind als 20 m^2, sind zwei Lüftungsöffnungen erforderlich.
Die Notwendigkeit, mit Hilfe eines kleinen *Ventilators* die verbrauchte Luft aus dem Raum abzusaugen, wird nur in

Abb. 5 Lüftungsöffnung eines Pilzbunkers in einem Hausgarten. Man beachte die schattige Lage und die Raseneinsaat über dem Bunker

seltenen Fällen bestehen, nämlich dann, wenn ein niedriger Raum (lichte Höhe unter 2,50 m) während der Sommermonate so stark mit Beeten belegt ist, daß auf je einen Quadratmeter Beetoberfläche weniger als 2 m^3 freier Luftraum entfallen.

Die Leistung des einzusetzenden Ventilators sollte nicht zu gering bemessen werden, damit auch die Möglichkeit besteht, zeitweilig stärker zu lüften und hierdurch eine Temperaturabsenkung, z. B. in der warmen Jahreszeit zu erreichen. Eine effektive Mindestleistung des Ventilators von 10 bis 15 m^3 je Stunde und m^2 Beetoberfläche sollte berücksichtigt werden. Die Luftführung im Anbauraum sollte so erfolgen, daß die zugeführte Frischluft gleichmäßig verteilt wird und stellenweise stärkere Luftbewegungen vermieden werden. Hierfür haben sich perforierte Plasteschläuche, die an den Ventilator angeschlossen werden und für eine gleichmäßige Luftverteilung über die ganze Längsseite des Raumes sorgen, gut bewährt.

Im übrigen achte man darauf, daß der Anbauraum *gut beleuchtet* werden kann und bei Anwendung elektrischer Anlagen die gesetzlichen Bestimmungen zur Gewährleistung der Sicherheit und zur Ausschaltung von Brandgefahr eingehalten werden, ferner darauf, daß in der Nähe oder im Raum selbst ein Wasseranschluß vorhanden und der Fußboden sauber und eben ist.

Der »Champignonbunker« als Eigenbau

Wer über einen solchen Raum nicht verfügt und sich vor etwas höheren Aufwendungen nicht scheut, dem bleibt die Möglichkeit, sich in seinem Garten an schattiger Stelle einen »Champignonbunker« zu bauen.

Abb. 6 Champignonbunker (Grundriß)
1 Wandkonstruktion, 2 Lüftungsöffnung, verschließbar, 3 Zugang, 4 Stöße der Dachplattenanlage, 5 Beetkante (Asbestbetonplatte), 6 Längsträger für Stellagenbeete 7 Zwischenwand (Stützwand für Längsträger)

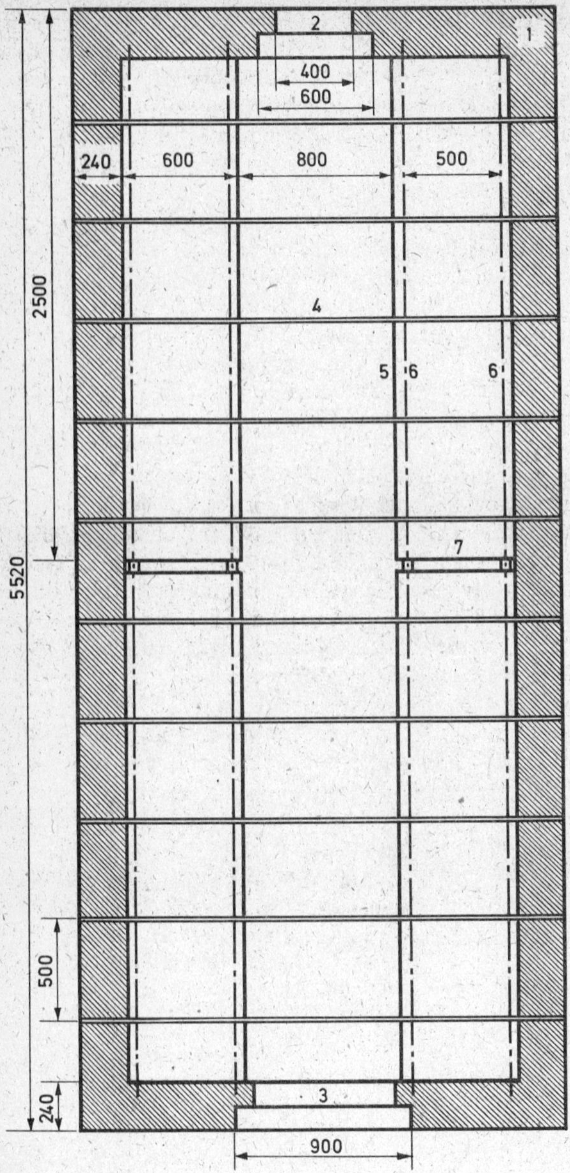
2
1
400
600
240
600
800
500
2500
4
5
6
6
7
5520
500
240
3
900

Werden die in den Abbildungen 6 und 7 angegebenen Maße eingehalten, ergibt sich eine Beetfläche von 18 m², von denen während einer Kultur durchschnittlich 100 bis 180 kg, während eines Jahres bei 3 aufeinander folgenden Kulturen bis zu 500 kg Champignons geerntet werden können.

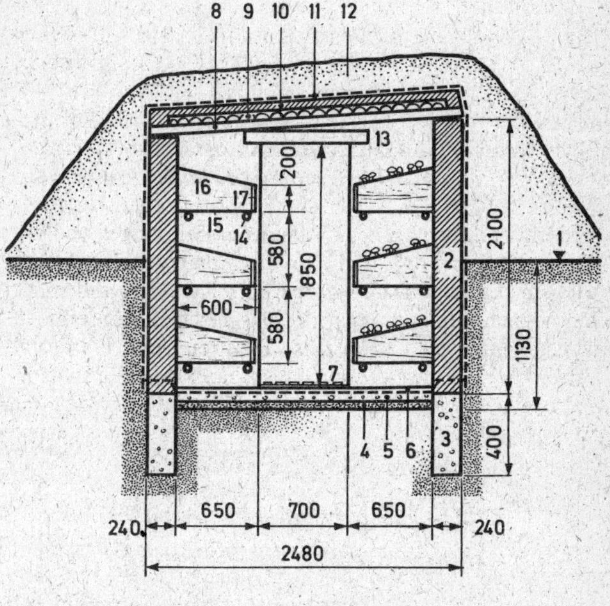

Abb. 7 Champignonbunker (Querschnitt)
1 Geländehöhe, 2 Mauerwerk, 3 Fundament, 4 Kiesschicht, 5 Betonschicht oder Ziegelpflaster, 6 Zementestrich, darunter Isolierung, 12 angeschütteter Boden, 13 Stahlbetonüberdeckung, 14 Längsträger für Stellage, 15 Platten, 16 Nährsubstrat (Beet), 17 Beeteinfassung

Beschaffung und Zusammenstellung des Nährsubstrats

Die richtige Auswahl und Zusammenstellung des Nährsubstrats für den Champignon ist für den Erfolg des Anbaus von entscheidender Bedeutung.
Grundlage für jedes Champignonsubstrat ist einwandfreies *Weizen- oder Roggenstroh*, das mit seinem Gehalt an Zellulose und anderen Bestandteilen nicht nur wichtige Nährstoffe für den Pilz liefert, sondern zugleich den erforderlichen »wolligen« Zustand des Substrates bedingt. Nur auf Stroh würde sich der Champignon schlecht entwickeln. Es ist deshalb erforderlich, das Stroh mit weiteren Nährstoffen anzureichern. Das geschieht am einfachsten, wenn das Stroh als Einstreu im Pferdestall verwendet wird und das mit »Pferdeäpfeln« angereicherte Stroh nach dem Ausmisten als »Stalldung« für den Anbau verwendet wird.

Champignonanbau auf Pferdedung

Strohiger Stalldung aus der Pferdehaltung ist ein seit Jahrhunderten bewährtes Champignonsubstrat. Es enthält alle erforderlichen Nährstoffe, läßt sich gut weiterverarbeiten und ergibt ein wolliges, nicht klumpig-schmieriges Substrat. Es ist aber darauf zu achten, daß die Pferde ein gutes *Rauh- und Trockenfutter* erhalten haben (Hafer, Heu). Grünfutter, Rüben und Kartoffeln als Bestandteile des Futters vermindern den Wert des anfallenden Stalldungs als Champignonsubstrat. Tiere, die tagsüber meistens auf der Koppel sind, liefern ein mageres und wenig geeignetes Champignonsubstrat. Besonders vor dem Bezug von Pferdedung während der Sommer- und Herbstmonate muß sich der Champignonanbauer über die Zusammensetzung des Futters informieren, um die richtige Auswahl treffen zu können.

Es ist ferner darauf zu achten, daß die verwendete Einstreu tatsächlich aus Weizen- oder Roggenstroh besteht. Dung mit größeren Anteilen an Hafer- oder Gerstenstroh in der Einstreu muß zurückgewiesen werden, desgleichen Dung, der erhebliche Anteile an Sägemehl oder Sägespänen enthält.

Schließlich soll der *Dung unzersetzt und frisch* sein, d. h., er darf nicht zu alt und zu stark verrottet, mürbe oder gar verfault und speckig sein. Nach dem Ausmisten soll er möglichst schnell verwendet werden. Stalldung, der drei oder vier Wochen im Freien gelagert hat, ist in der Regel als Champignonsubstrat nicht mehr brauchbar. Das trifft auch für solchen Stalldung zu, der nach dem Ausmisten in einer Grube in der Jauche gelegen hat. Wer allmählich anfallenden Dung über einen längeren Zeitraum sammeln will, bis die benötigte Menge vorhanden ist, ohne daß das Material seine Eignung als Champignonsubstrat verlieren soll, der benötigt dazu einen überdachten Raum, Schuppen oder dergleichen, in dem man den anfallenden Dung flach ausbreitet und völlig austrocknen läßt. In diesem Zustand kann er dann zusammengepackt und längere Zeit gelagert werden.

Es heißt weiterhin, der Dung soll strohig sein, also nicht zu schwer und fett. In Ställen, wo nur sparsam Einstreu gegeben wird, fällt ein solcher schwerer Dung an. Schwere Arbeitspferde, wie wir sie in der Landwirtschaft bisweilen noch antreffen, liefern einen schwereren Dung als Reit- und Rennpferde.

Zusätze zum Stalldung

Wenn der zur Verfügung stehende *Dung stroharm* bzw. sehr schwer und »fett« ist, kann man ihn mit kurz gehäckseltem Weizen- oder Roggenstroh mischen und dadurch seinen Zustand verbessern.

Ist der Dung andererseits *übermäßig strohig*, so daß ein nennenswerter Anteil an »Pferdeäpfeln« kaum erkennbar ist, dann sollte man ihn noch mit Nährstoffen anreichern.

Dazu beschafft man sich trockenen, gut streufähigen und nicht klumpigen *Hühnerdung*, z. B. aus Intensivhaltungen, und mischt davon drei bis fünf Schubkarren-Ladungen unter je 10 dt des strohigen Stalldunges. Steht nur klumpiger Hühnerkot zur Verfügung, so wird dieser in einem Bottich zu einer dickflüssigen Jauche aufgeschwemmt und damit der strohige Stalldung begossen.
Steht überhaupt kein oder nur sehr minderwertiger, nährstoffarmer Hühnerkot zur Verfügung, dann sollte man sich *Harnstoff*, ein weißes, körniges stickstoffhaltiges Salz, und das bekannte Superphosphat beschaffen. Vom Harnstoff gibt man auf je 10 dt Stalldung 3 bis 7 kg (nicht mehr!), die in der Gießkanne aufgelöst werden. Mit der Harnstofflösung wird der Dung beim Aufsetzen begossen. Beim 1. und 2. Umsetzen streut man noch 3 bis 7 kg *Superphosphat* zwischen je 10 dt Stalldung. Die Nährstoffanreicherung ist jedoch nur bei nährstoffarmem Dung mit einem übermäßig hohen Strohanteil erforderlich.
In jedem Fall empfiehlt es sich allerdings, dem Stalldung noch *Kalk* zuzusetzen. Der Kalk ist nicht nur ein wichtiger Nährstoff für den Champignon, sondern er verbessert auch die allgemeine Beschaffenheit, beseitigt zumindest teilweise einen schmierigen oder klebrigen Zustand und bindet ein Übermaß an Feuchtigkeit. Man benötigt zu diesem Zweck kohlensauren Kalk oder Gips (schwefelsauren Kalk). Von einer dieser Kalkarten gibt man bis zu 25 kg auf 10 dt Stalldung, besonders wenn dieser etwas schwer, naß und »fettig« ist oder noch mit anderen Stoffen angereichert wurde.
Zur *Beschaffung* von Stalldung muß man sich mit landwirtschaftlichen Betrieben, mit Rennbahnverwaltungen, Gestüten oder den Klubs für Reitsport der Gesellschaft für Sport und Technik in Verbindung setzen. Hühnerdung ist von landwirtschaftlichen Betrieben zu erhalten, Harnstoff, Kalk und Superphosphat über die Bäuerliche Handelsgenossenschaft oder über die Sparten des Verbandes der Kleingärtner, Siedler und Kleintierzüchter, am besten als Gemeinschaftsbestellung.
Von den im Handel für den Gartenbedarf angebotenen Mineraldüngermischungen ist ggf. Piaphoskan grün anstelle von Harnstoff-Dünger zu verwenden.

Andere Stalldungarten als Substrat

Auch auf Schweine-, Rinder- und Schafdung kann man Champignons anbauen. Dazu müssen diese Dungarten ebenfalls frisch und unzersetzt sein und reichlich Weizen- oder Roggenstroh als Einstreu enthalten. Während *Schweine- und Schafdung* im allgemeinen nur in Mischung mit gutem Pferdedung verwendet werden, wobei der Anteil dieser Dungarten in der Mischung 30 bis 40% nicht überschreiten sollte, kann man von *Rinderdung* auch größere Anteile verwenden. Beim Kleinanbau von Champignons bereiten allerdings die Kotklumpen in diesem Dung Schwierigkeiten; denn das Champignonsubstrat darf keine klumpigen Bestandteile enthalten. Nur bei maschineller Aufbereitung mit Stroh und strohigem Dung können die sogenannten Kuhfladen ausreichend zerteilt werden. Durch Handarbeit ist das kaum möglich. Es bleibt nur die Möglichkeit, die Kotklumpen aus dem Rinderdung sorgfältig herauszulesen. Das trifft auch für alle anderen klumpigen Bestandteile im Dung zu. Bei Verwendung von Mischdung sollte ein besonders starker Kalkzusatz erfolgen: 2 bis 3 kg je dt.

Substrat aus Stroh mit Zusätzen »nach Vorschrift«

Wenn überhaupt kein Stalldung aufzutreiben ist, besteht die Möglichkeit, sich ein Champignonsubstrat »zusammenzustellen«. Für den Kleinanbau benötigt man dazu gutes, frisches bzw. annähernd unzersetztes, *gehäckseltes Weizen- oder Roggenstroh.* Je 100 kg trockenes Stroh werden mit etwa 2 bis 3 Schubkarrenladungen (0,25 bis 0,3 m^3) eines guten nährstoffreichen Hühnerdungs vermischt. Klumpiges Material muß aufgeschwemmt werden, wie es bereits beschrieben wurde. Zur weiteren Nährstoffanreicherung benötigt man für je 100 kg Stroh 1 bis 3 kg Harnstoff, 1 bis 2 kg Superphosphat und etwa 3 kg kohlen- oder schwefelsauren Kalk.
Anstelle von Hühnerdung sind auch andere nährstoffreiche *Abfall-* und *Nebenprodukte aus Industrie* und *Landwirtschaft* verwendbar, z. B. Samenabfälle, Brauerei- und Mäl-

zereiabfälle, Abfälle der Textilindustrie, Schlachthofabfälle (Abfallblut) u. a. Einzelheiten hierzu sind der Spezialliteratur zu entnehmen. Es bestehen also zahlreiche Möglichkeiten für die Zusammenstellung des Nährsubstrats. Die erwähnten Substratarten können selbstverständlich auch gemischt verwendet werden. Bei Veränderung der Nährstoffzusätze und Mischungsanteile ergeben sich zahlreiche Variationsmöglichkeiten, deren Erprobung zum Experimentieren anregt und die Arbeit interessant gestaltet. Für Arbeitsgemeinschaften an unseren Schulen und in den Jugendorganisationen besteht die Möglichkeit, den Chemieunterricht zu bereichern, indem z. B. Substratproben auf ihren Nährstoffgehalt untersucht und die Ergebnisse mit den Optimalwerten für die einzelnen Nährstoffaktoren verglichen werden. Diese liegen für Stickstoff (N) zwischen 1,5 und 2,5% der Trockenmasse, für Phosphor (P) zwischen 0,3 und 0,4% (entsprechend 0,7 bis 1,0% P_2O_5), für Kali (K) zwischen 0,8 und 1,2% (entsprechend 1,0 bis 1,5% K_2O) und für Kalk (Ca) zwischen 1,4 und 2,8% (entsprechend 2 bis 4% CaO) im aufbereiteten Substrat.

Bedarfsangaben

Für eine ordnungsgemäße Aufbereitung des Substrats benötigt man mindestens 12 bis 20 dt feucht gewogenen *Stalldung* oder 400 bis 700 kg trocken gewogenes *Stroh*, das nach den obigen Angaben mit den entsprechenden Mengen an Nährstoffzusätzen angereichert wird. Diese Mindestmengen reichen für 13 bis 22 m² *Beetfläche*. Ist die vorgesehene bzw. zur Verfügung stehende Anbaufläche kleiner, so kann das übrigbleibende Substrat als Humusdünger im Garten verwendet werden. Besser ist es jedoch, wenn in diesem Falle zwei oder drei Anbauer das Substrat gemeinsam aufbereiten und dadurch auch größere Mengen verwendet werden können. Die Lagerung des aufbereiteten Substrats für den Anbau zu einem späteren Zeitpunkt ist *nicht* möglich.

Aufbereitung des Nährsubstrats

Weder Stalldung noch mit Nährstoffen angereichertes Stroh kann unmittelbar für den Anbau verwendet werden. Es ist vielmehr erforderlich, das Ausgangsmaterial durch einen *intensiven Kompostierungsprozeß* aufzubereiten. Dabei werden die Ausgangsstoffe durch Mikroorganismen angegriffen. Im Verlauf dieses Vorgangs soll ein möglichst großer Anteil der für den Champignon unmittelbar verwertbaren Nährstoffe erschlossen werden. Während der Kompostierung des Champignonsubstrats müssen sich in ihm hohe *Temperaturen* zwischen 50 und 70 °C entwickeln. Dadurch wird das Substrat zugleich von allen niederen Lebewesen gereinigt, die diesen Temperaturen nicht gewachsen sind. Zu ihnen gehören Insekten, Spinnmilben und Älchen, aber auch eine Anzahl von niederen Pilzarten, die später während des Anbaus als Schädlinge, Krankheitserreger oder Konkurrenten des Champignons auftreten könnten. Vielmehr entwickeln sich während der Aufbereitung des Champignonsubstrats vorwiegend Milliarden von hitzebeständigen und wärmeliebenden Mikroben (Kleinlebewesen, im allgemeinen nur im Mikroskop sichtbar). Sie erzeugen zugleich die sich während der Kompostierung entwickelnde Wärmeenergie.

Zunächst sind es *Bakterien*, die sich bei Temperaturen bis zu 70 °C entwickeln und für den ersten biologischen Abbau der Substratbestandteile zuständig sind. Nach ihnen kommen die *Strahlenpilze*. Sie gedeihen am besten in einem Temperaturbereich zwischen 50 und 60 °C, sofern ein gewisses Maß an Sauerstoff zur Verfügung steht. Man erkennt ihre Entwicklung an der hellgrauen Sprenkelung der Substratteile, anfänglich zunächst nur in den etwas weniger heißen Randpartien des Substrats, später in der gesamten Substratmasse, zu einem Zeitpunkt also, wenn die erste stürmische Gärung bei verhältnismäßig hohen Temperaturen (über 65 °C) etwas abgeklungen ist. Mit den Strahlenpilzen erscheinen noch weitere wärmeliebende und sauerstoffbedürftige *niedere Pilzarten*, die ihrerseits eine weitere Umwandlung der Nährstoffe besorgen. Auf einem solchen, von niederen Organismen vorbereiteten, mürbe, weich und wollig gewordenen lockeren Substrat kann sich dann der Champignon gut entwickeln. Der Anbauer muß aber dafür sorgen, daß sich im Substrat vor der Bepflanzung mit dem Myzelium des Champignons nicht wieder andere Schädlinge oder konkurrierende Mikroorganismen entwickeln können. Das würde eintreten, wenn das Substrat vor der »Beimpfung« zu lange im erkalteten Zustand liegenbliebe oder die Temperatur unmittelbar nach der Beimpfung zu niedrig ist, so daß das Champignonmyzel nur sehr langsam weiterwachsen kann.

Die Vorgänge, die sich während der Kompostierung im Substrat vollziehen müssen, werden also durch bestimmte Mikroorganismen bewirkt. Dem Champignonanbauer fällt die Aufgabe zu, für diese die besten Entwicklungsbedingungen zu schaffen. Dazu ist es notwendig, das Substrat an einem geeigneten Standort in zweckentsprechend geformten Haufen aufzusetzen, für Feuchtigkeit und Windschutz zu sorgen und durch wiederholtes Umsetzen der Haufen in kurzen Zeitabständen eine ausreichende Durchmischung des gesamten Substrats und die für die Mikroben so wichtige Durchlüftung zu erreichen.

Der Kompostierungsplatz

Zuerst wählt man einen geeigneten Kompostierungsplatz aus. Für den Kleinanbau werden im allgemeinen nur geringe Substratmengen aufbereitet. Deshalb haben die Substrathaufen häufig eine verhältnismäßig große Oberfläche, in deren unmittelbarer Nähe die Substratteile sich nur ungenügend erhitzen. Dadurch kann eine ungleichmäßige Beschaffenheit des Substrats am Ende der Kompostierung bedingt sein. Deshalb ist für die Durchführung

der Kompostierung unter diesen Umständen ein *luftiger Raum* (Schuppen, Verschlag oder dgl.) am günstigsten. Besonders für Kompostierungsarbeiten während der kalten und windreichen Jahreszeit und für die Kompostierung von Strohsubstraten ohne Stalldung, die sich bisweilen nur zögernd erhitzen, ist ein solcher Kompostierungsschuppen von besonderem Vorteil.
Anderenfalls wählt man einen *windgeschützten* und möglichst schattigen *Platz im Freien*, mit einem auch bei regnerischem Wetter festen Boden. Noch besser ist ein gepflasterter oder betonierter Untergrund. Die Haufen werden 2 bis 2,50 m breit aufgesetzt. Sie müssen mindestens ebenso lang sein. Neben den Haufen benötigt man noch eine etwa 1 m breite freie Fläche, um bei der Bearbeitung Bewegungsfreiheit zu haben, und vor dem Haufen nochmals eine 2 m lange freie Fläche für das Umsetzen des Substrats. In unmittelbarer Nähe des Kompostplatzes muß ein Wasseranschluß sein.

Zur Kompostierung von Stalldung

Bei Pferdedung und Mischungen aus verschiedenen Stalldungarten wird die Kompostierung wie folgt durchgeführt:
Mit der drei- oder vierzinkigen Dunggabel *setzen* wir *den Dung zu* einem rechteckigen, 2 m breiten und 1,50 m hohen *Haufen* auf. Es soll so viel Dung vorhanden sein, daß der Haufen mindestens 2 m lang wird. Wir achten darauf, daß die Seiten nahezu senkrecht nach oben geführt werden. Ist der Dung ziemlich langstrohig, dann treten wir ihn schichtweise fest. Die Seiten des Haufens klopfen wir mit dem Gabelrücken an, wobei lose Mistteile abzustreifen sind. Beim Aufsetzen *befeuchten* wir *den Dung* gleichmäßig und nach Bedarf so, daß alle Teile feucht sind. Wenn der angefahrene Dung ziemlich trocken ist, müssen wir verhältnismäßig viel Wasser geben (bis zu 700 l je t Stalldung). Ist der Dung schwer und fett, mischen wir ihn zu diesem Zeitpunkt mit gehäckseltem Stroh oder stark strohigem Dung einer anderen Herkunft. Wenn das Material übermäßig strohig ist, kaum Pferdeäpfel enthält

Abb. 8 Die Substrathaufen haben fast senkrechte Seiten

und deshalb noch mit Nährstoffen angereichert werden soll, dann geschieht das jetzt, indem wir nach den Angaben im vorigen Abschnitt geeigneten Hühnerdung untermischen oder das Material mit einer Harnstofflösung gleichmäßig begießen.
Wenn verschiedene Dungarten miteinander zu mischen sind, dann erfolgt dies ebenfalls beim Aufsetzen, wobei alle klumpigen Bestandteile und Fremdkörper aus dem Dung sorgfältig herausgelesen werden. In den aufgesetzten Haufen stecken wir etwa 50 cm tief ein *Thermometer* und markieren die Meßstelle von außen, damit wir das Thermometer zum täglichen regelmäßigen Ablesen wiederfinden. Ein langstieliges Mietenthermometer eignet sich für diesen Zweck besser.
Steht der Haufen im Freien und tritt windiges Wetter ein, kann man ihn an den Seiten mit stabiler *Plastfolie*, die fest zu verankern ist, umspannen. Auf der Oberfläche läßt man den Haufen unbedeckt. Bei starken Niederschlägen decken wir ihn nur für die Dauer des Niederschlages auch oben ab, so daß das Wasser seitlich abfließen kann.
Nach drei bis vier Tagen muß die *Temperatur* im Innern des Haufens auf über 60 °C angestiegen sein. Bleibt der

Dung kalt, dann ist der Haufen entweder zu klein, und die Wärmeverluste nach außen sind zu groß, oder er wurde nicht ausreichend gegen Wärmeverlust geschützt, oder auch beim Aufsetzen wurde zuwenig Wasser gegeben. Diese Fehler sind dann sofort zu korrigieren.

Erstes Umsetzen

Man läßt den Haufen etwa drei Tage bei Temperaturen über 60 °C stehen und setzt ihn im Regelfall etwa 6 Tage nach dem Aufsetzen zum ersten Mal um. Dabei wird der Dung mit der Gabel *gut aufgeschüttelt* und gelockert, trokkene Teile werden wiederum leicht angefeuchtet, und der in dieser Weise bearbeitete Dung wird zu einem neuen, etwa 1,80 m breiten, mindestens ebenso langen und 1,50 m hohen Haufen aufgesetzt. Die Dungteile, die sich bisher in den Randzonen des Haufens befanden, kommen jetzt nach innen. Damit wir auch beim neuen Haufen wieder senkrechte Seiten erhalten, setzen wir den Dung zuerst an den Rändern schichtweise auf und füllen den Mittelteil anschließend auf. Die einzelnen Schichten werden jetzt nur noch mit der Gabel angeklopft, vorwiegend an den Rändern. Bei nährstoffarmem Dung erfolgt zu diesem Zeitpunkt der *Zusatz von Superphosphat.* Strohhäcksel, Hühnerdung oder Stickstoffsalze darf man jetzt nicht mehr zusetzen. Nach Beendigung der Arbeit stekken wir das Thermometer wieder 50 cm tief in den Haufen hinein. Bei windigem Wetter oder gegen starke Niederschläge werden die bereits beschriebenen Maßnahmen durchgeführt.

Zweites Umsetzen

Im Normalfall wird die Temperatur im Haufeninneren nach zwei Tagen den Temperaturbereich von 55 bis 60 °C oder darüber wieder erreicht haben. Wir lassen diese Temperatur zwei bis drei Tage einwirken und setzen den Haufen etwa fünf Tage nach dem ersten Umsetzen zum zweiten Male um. Dabei wird in der gleichen Weise wie beim ersten Mal verfahren, die Breite des Haufens aber auf 1,60 bis 1,70 m reduziert. Mit den Wasserzusätzen muß man jetzt vorsichtiger sein, d. h., nur die ausgespro-

chen trockenen Teile des Dungs sind zu befeuchten. Zum Wassergeben nehmen wir die Gießkanne mit Brause oder auch den Gartenschlauch, achten jedoch darauf, daß das Wasser auf die trockenen Teile auf jeden Fall gleichmäßig verteilt wird.
Beim Umsetzen kann man feststellen, daß der Dung in zunehmendem Maße eine dunklere Farbe bekommt, die Strohteile weicher und kürzer werden und grauweiße Stellen im Dung erscheinen. Zuweilen wird dann die Meinung vertreten, der Dung sei während der Heißgärung »verbrannt«. Es handelt sich bei den grauweißen Stellen vielmehr um die Sporenketten von Strahlenpilzen, deren Entwicklung durchaus im Interesse des Anbauers liegt. Am Ende der Aufbereitung soll der ganze Dung gleichmäßig weißgrau gesprenkelt sein.
Auch nach dem 2. Umsetzen soll die Haufentemperatur wenigstens 50 bis 55 °C erreichen. Etwa 3 Tage nach dem 2. Umsetzen nehmen wir die erste Sinnesprüfung des Substrats vor, um festzustellen, ob die für den Anbau erforderliche Beschaffenheit des Nährsubstrats bereits vorliegt. Dazu prüfen wir das Substrat auf Farbe, Geruch, Feuchtigkeit und Zersetzungsgrad.

Farbe

Das fertige Substrat hat eine gleichmäßige braune Färbung. Die Strohteile sind gleichmäßig weißgrau gesprenkelt. Sind die Strohteile teilweise oder noch gänzlich gelb- oder hellbraun gefärbt, darf die Kompostierung noch nicht abgeschlossen werden.

Geruch

Das fertig aufbereitete Substrat hat einen angenehm *milden Duft* nach frischgebackenem Brot. Ist das Substrat noch nicht genügend vergoren, dann riecht es meistens noch deutlich nach Ammoniak, intensiv und stechend. Zu altes Substrat dagegen hat einen muffigen Geruch. Verfaultes Substrat hat den typischen, stark unangenehmen Fäulnis- oder Modergeruch. Während der stechende Ammoniakgeruch, den man sich deutlich einprägen kann, indem man an einer Salmiakflasche riecht, bei Fortsetzung der Kompostierung allmählich verschwindet, dürfen Fäulnis- oder Modergeruch niemals auftreten. Wir haben es dann in der Regel mit ungeeignetem, zu schwerem, nassem oder schon bei Anlieferung angefaultem Dung zu tun. Möglicherweise wurde auch während der Kompostierung zu viel Wasser zugesetzt. Eine Korrektur ist dann schwierig, bisweilen unmöglich. Das Auftreten eines sauren gärfutterartigen Geruchs läßt auf Luftmangel während der Kompostierung schließen. Bei ordnungsgemäßer Fortsetzung derselben verschwindet dieser Geruch wieder.

Feuchtigkeit

Bei der Prüfung soll sich der Dung nur eben feucht anfühlen. Die Handfläche darf bei Berührung etwas feucht werden, aber niemals naß. Wenn wir eine Substratprobe mit großer Kraftanstrengung in der geballten Hand zusammenquetschen, sollen sich noch nicht einmal Tropfen bilden. Keinesfalls darf die Mistbrühe zwischen den zusammengepreßten Fingern hervorquellen.
Zu feucht geratenen Dung wieder in Ordnung zu bringen, ist schwierig. Am günstigsten ist es in einem solchen Fall, wenn der Dung auch in seinen sonstigen Eigenschaften noch unfertig ist, so daß die Kompostierung ohnehin fortgesetzt werden muß. Dabei geben wir dann selbstverständlich kein Wasser mehr und schützen das Substrat sorgfältig vor Niederschlägen. Bei der erneut eintretenden Heißvergärung verliert das Substrat an Feuchtigkeit, so daß mit einer Verbesserung seines Zustandes gerechnet werden kann.
Leichter ist eine zu trockene Beschaffenheit des Substrats zu korrigieren. Es wird gleichmäßig leicht befeuchtet und noch einmal locker umgesetzt. Wenn das Substrat in seinen sonstigen Eigenschaften bereits den erforderlichen Zustand erreicht hat, genügt in diesem Fall eine kurzfristige Gärung von 24 Stunden bei 45 °C. Aus biologischen Gründen soll zu trocken geratenes Substrat nach der Befeuchtung und eingetretenen Abkühlung nicht unmittelbar verwendet werden.

Das aufbereitete Substrat soll einen gleichmäßig-einheitlichen Zustand aufweisen; es darf weder klumpig, noch erdig-krümlig, noch schmierig-klebrig sein. Wenn die Kompostierung übermäßig lange durchgeführt, im weiteren Verlauf derselben mit zu viel Wasser gearbeitet wird bzw. die Haufen starken Niederschlägen ausgesetzt sind oder bereits das Ausgangsmaterial hinsichtlich seiner Struktur und Zusammensetzung große Mängel aufweist, befriedigt auch die Beschaffenheit des aufbereiteten Substrats nicht.
Es ist erforderlich, daß die strohigen Bestandteile im Verlauf der Kompostierung mürbe und brüchig geworden sind, ohne dabei zu zerfallen. Wir prüfen das, indem wir eine Substratprobe mit beiden Händen fassen und mit der rechten Hand eine drehende Bewegung ausführen. Wenn sich dabei die Probe ohne Anstrengung leicht auseinanderdrehen läßt, ist der richtige Zustand erreicht. Sind auch Feuchtigkeit und Struktur in Ordnung, dann haben wir ein Substrat vorliegen, das zwar äußerlich noch sehr faserig-strohig und porös erscheint, dessen Bestandteile aber trotzdem mürbe sind, so daß es sich *angenehm weich, elastisch und wollig* anfühlt. Es klebt und schmiert nicht, die Handfläche bleibt auch nach Berührung des Substrats sauber. Wenn dieser Zustand erreicht ist, entsprechen in der Regel auch Geruch und Farbe den Erwartungen. Das Substrat sollte nun sofort verwendet werden. Jede weitere Kompostierung und Lagerung würde von Nachteil sein. Ist der erforderliche Zersetzungszustand jedoch noch nicht erreicht, sind die strohigen Bestandteile noch zu roh, zäh und hart, muß die Kompostierung fortgesetzt werden, auch wenn das Substrat zu diesem Zeitpunkt bereits einen angenehmen Geruch aufweist.
Für Arbeitsgemeinschaften ergibt sich auch zu diesem Zeitpunkt wiederum die Möglichkeit, die erworbenen Kenntnisse aus dem Physik- und Chemieunterricht nutzbringend anzuwenden, indem während der Kompostierung Reaktionszustand und Wassergehalt des Substrats wiederholt gemessen werden. Zur Messung des *Reaktionszustandes* benötigen wir *p*H-Meter oder Farb-Indikatoren.

Zu Beginn der Kompostierung erreicht der *p*H-Wert im Substrat ein Maximum zwischen *p*H 8 und 9 (Ammoniakbildung) und fällt danach im Laufe der Stickstoffumsetzung allmählich auf Werte zwischen 7,0 und 7,5 ab. Das Substrat ist im Hinblick auf die Stickstoffumsetzung und seinen Gehalt an freiem Ammoniak erst dann verwendungsfähig, wenn der *p*H-Wert nicht über 7,5 liegt und der NH_3-Gehalt auf 0,03% zurückgegangen ist. Den *Wassergehalt* ermitteln wir im Labor exakt durch Wägungen und Trocknung bei 105°C. Im Verlauf der Kompostierung ist ein Wassergehalt von 62 bis 68% anzustreben, für Winteranbau zwischen 65 und 68%, für den Anbau im Sommer zwischen 62 und 65%.

Weiteres Umsetzen

Auf Grund der Ergebnisse der Sinnesprüfungen nach dem 2. und folgenden Umsetzen trifft der Anbauer die Entscheidung darüber, ob die Kompostierung fortgesetzt werden muß oder nicht. Im allgemeinen ist bei der Aufbereitung von Stalldung eine 3. Umsetzung erforderlich, unter Umständen sogar eine 4. Bei normalem Verlauf der Heißvergärung erfolgt die 3. *Umsetzung* etwa 4 bis 5 Tage nach dem 2. Umsetzen und die 4. *Umsetzung* etwa 3 bis 4 Tage nach dem 3. Umsetzen. Bei beiden Bearbeitungen wird das Substrat locker verarbeitet, die Breite der Haufen auf 1,50 bis 1,60 m, ihre Höhe auf 1,20 bis 1,30 m reduziert. In diesem Stadium ist der Zusatz von Kalk und Superphosphat noch möglich. Beide Zusätze gibt man jedoch nicht zusammen. Befeuchtet werden bei diesen Bearbeitungen nur noch extrem ausgetrocknete Substratteile. Eine Gärungstemperatur von 45 bis 50°C ist in diesem Stadium der Aufbereitung ausreichend. Unter allen Umständen muß die *Heißvergärung* nach jeder Bearbeitung bis zum Schluß der Kompostierung immer wieder eintreten, weil sonst die Gefahr des Befalls und der Entwicklung von Schädlingen, besonders Nematoden, sehr groß ist. Aus diesem Grund sollte man sich bei besonders kaltem und windigem Wetter und bei ungünstiger Lage des Kompostplatzes dazu entschließen, die letzten Bearbeitungen unter Dach und Fach, gegebenenfalls

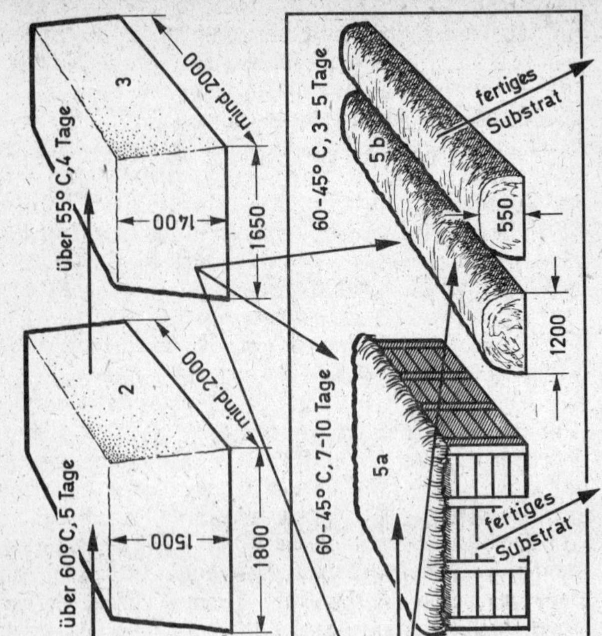

Abb. 9 Schematische Darstellung der Aufbereitung des Nährsubstrats
1 Haufenform nach dem Aufsetzen, 2 nach dem 1. Umsetzen, 3 nach dem 2. Umsetzen, 4 nach dem 3. Umsetzen, 5a Nachgärung in Kisten, 5b Nachgärung in Flachhaufen. (Zeitabstand zwischen Bearbeitung in Tagen, Gärungstemperatur °C)

im Anbauraum selbst vorzunehmen. Auf Grund des während der Kompostierung eintretenden Substanzverlustes ist das Substrat ohnehin auf 60 bis 70% seines ursprünglichen Volumens zusammengeschrumpft, so daß der Haufen immer kürzer und der Anteil seiner Außenflächen immer größer wird.
Im allgemeinen wird drei bis vier Tage nach der dritten oder vierten Umsetzung das Substrat alle erforderlichen Merkmale aufweisen und zu verwenden sein. Dies erfordert jedoch wiederholte Sinnesprüfungen.

Die Kompostierung von Strohsubstrat

Die Aufbereitung von Strohsubstrat ohne Stalldung verläuft im wesentlichen nach denselben Grundsätzen, erfordert aber im Regelfall ein bis zwei Bearbeitungen mehr und dauert auch ungefähr eine Woche länger, insgesamt also etwa vier Wochen. Im einzelnen haben wir folgendes zu beachten:
Man verwendet nach Möglichkeit *gehäckseltes Stroh* mit einer Halmlänge zwischen 10 und 30 cm. Dieses wird zunächst mehrere Male gründlich eingewässert. Dann setzen wir das vorbereitete Stroh mit dem zur Verfügung stehenden *organischen Zusatz*, der meistens aus Hühnerdung bestehen wird, zu 2 bis 2,50 m breiten und 1,50 m hohen Haufen mit senkrechten Seiten auf und treten dabei die einzelnen Schichten sehr fest. Ist der organische Zusatz streufähig und krümelig, wird er trocken zwischen das Stroh gestreut, und die einzelnen Schichten werden nochmals befeuchtet. Ist das Zusatzmaterial jedoch klumpig und schmierig, dann schwemmen wir es völlig auf und setzen es als dicke Jauche dem Stroh zu, auch wenn wir in diesem Fall mehr Arbeit in Kauf nehmen müssen. Keinesfalls dürfen dem Stroh Klumpen zugesetzt werden, die sich später, selbst bei intensivster Bearbeitung nicht ausreichend zerkleinern lassen.
Nach drei bis vier Tagen wird sich der Haufen erhitzt haben. Wir sorgen für besonders *guten Windschutz.* Nach Eintritt der Erhitzung streuen wir die Hälfte des benötigten *Harnstoffes* auf die Oberfläche des Haufens gleichmäßig aus und spülen das leichtlösliche Salz sofort mit Was-

ser ein. Salzklumpen werden beim Aufstreuen gut zerkleinert oder in Wasser aufgelöst. Es darf niemals so viel Wasser zugegeben werden, daß es unten aus dem Haufen wieder austritt.
Nach etwa einer Woche setzt man das erste Mal um, dabei wird der restliche Harnstoff zugesetzt, Wasser nach Bedarf. Die Haufen werden 2 m breit und 1,50 m hoch angelegt, wiederum mit senkrechten Seitenwänden. Das Substrat wird nochmals, besonders an den Rändern, gut festgetreten. Beim 2. Umsetzen erfolgt der *Zusatz von Superphosphat,* beim 3. Umsetzen die Zugabe von Kalk.
Nach dem ersten Umsetzen wird ebenso gearbeitet, wie es für das Kompostieren von Stalldung beschrieben wurde. Auch die Sinnesprüfungen werden in derselben Weise durchgeführt. Das aufbereitete Strohsubstrat soll grundsätzlich die gleichen *Eigenschaften* aufweisen *wie kompostierter Stalldung.* Auf die Erzielung einer guten Struktur, einer ausreichenden Zersetzung der strohigen Bestandteile und eines gleichmäßigen Verlaufes der Heißvergärung ist jedoch besonders zu achten.
In der Regel muß das Strohsubstrat nach dem Aufsetzen noch mindestens *viermal umgesetzt* werden, bevor es die erforderlichen Eigenschaften angenommen hat. Während der kalten Jahreszeit sollte die Aufbereitung dieses Substrats von vornherein in einem geschlossenen, aber belüftbaren Raum vorgenommen werden.

Die Nachgärung des Substrats

Bei der intensiven Champignonproduktion wird die Kompostierung des Champignonsubstrats durch eine anschließende thermische Nachbehandlung in einem be- und entlüftbaren Raum ergänzt. Diese Nachbehandlung bezeichnet man als Phase 2 der Aufbereitung und als *Pasteurisations-* und *Konditionierungsprozeß.* Mit diesem Verfahren wird eine wesentliche Ertragssteigerung erzielt. Da auch beim individuellen Freizeitanbau von Champignons die Möglichkeit besteht, nach Schaffung der entsprechenden technischen Voraussetzungen, das Verfahren anzuwenden, soll kurz darauf eingegangen werden.

Bei diesem Verfahren wird das Substrat verkürzt kompostiert (10 bis 16 Tage bei 3 bis 4 Bearbeitungen; Strohsubstrat im allgemeinen 16 bis 23 Tage) und mit einem Wassergehalt von 70 bis 73% und einem *p*H-Wert von 8 (leichter Geruch nach Ammoniak ist nach der Kompostierung noch feststellbar) in die Anzuchtbehälter (Kisten und dergl.) abgefüllt. Diese werden dann sofort in einer entsprechend großen, gut isolierten Kammer dicht zusammengerückt bzw. übereinander gestapelt, wobei über der Substratoberfläche jedes Behälters noch ein geringes Luftpolster von 3 bis 5 cm verbleiben muß. Anschließend wird die Temperatur in der Kammer mittels Sattdampf auf 58 °C aufgeheizt, so daß auch die Substrattemperatur auf 58 bis 60 °C (nicht darüber!) ansteigt. Diese Temperatur wird für einen Zeitraum von 6 bis 10 Stunden (Pasteurisierungsphase) gehalten. Danach läßt man die Temperatur auf 50 bis 54 °C zurückfallen und hält diesen Temperaturbereich für 1 bis 2 Tage. Anschließend soll die Temperatur allmählich weiter bis auf 50 °C und weiter abfallend auf 46 °C zurückgehen und wird in diesem Bereich um weitere 2 bis 5 Tage, bzw. so lange gehalten, bis das Substrat unter diesen Bedingungen eine optimale Beschaffenheit aufweist, wie sie für das fertige Substrat gefordert wird und bereits beschrieben wurde. Während des sogenannten Konditionierungsprozesses, der im Temperaturbereich zwischen 52 und 46 °C (Substrattemperatur) abläuft, ist eine ständige *Luftzirkulation* und *Belüftung* erforderlich, wofür eine entsprechende Ventilationsanlage vorhanden sein muß. Diese ist so auszulegen, daß je Tonne Substrat mit 80 m^3 je Stunde unmittelbar nach der Pasteurisierung und mit 25 m^3 je Stunde in der nachfolgenden Periode, also während der Phase der Konditionierung ventiliert werden kann. Für die gleichmäßige Luftverteilung ist ein entsprechendes Luftführungssystem erforderlich.

Eine andere technologische Variante ist die Pasteurisierung und Konditionierung des Substrats in der Masse. Dazu wird dieses nach der Kompostierung in die ebenfalls gut isolierte Kammer lose und gleichmäßig locker in einer Höhe bis zu 1,80 m gefüllt. Die Kammer, die mit Ausnahme einer erforderlichen Überdrucköffnung völlig

dicht sein muß, verfügt über einen Zwischenboden aus Metallrosten, deren Öffnungen etwa 25 bis 30% ihrer Gesamtfläche betragen. Durch die Öffnungen dieses Zwischenbodens wird ein Luft-Dampf-Gemisch in und durch das darüberliegende Substrat gepreßt und dadurch dessen Erhitzung auf 57 bis 60 °C für die Pasteurisierungsphase angeregt. Nach Erreichen dieser Temperatur wird diese für 6 bis 10 Stunden gehalten und dabei das Substrat ständig im Zirkulationsverfahren durchlüftet. Es folgt eine vier- bis sechstägige Konditionierungsphase im Temperaturbereich von 55 °C, allmählich zurückgehend bis auf 46 °C, wobei im Rahmen der Luftzirkulation ein ständiger Frischluftanteil von 5 bis 10% der Gesamtluftmenge gewährleistet sein muß.
Die Lüfterkapazität sollte 200 m^3 je Stunde und Tonne Substrat bei einem Gegendruck von 100 bis 120 mm Wassersäule (1000 bis 1200 Pa) sicherstellen. Es ist auch empfehlenswert, den Frischluftanteil zu filtern. Während des gesamten Prozesses ist der Dauerbetrieb der Ventilationsanlage und die ständige Erfassung der Temperaturentwicklung zu gewährleisten. Ziel des Verfahrens ist ebenfalls eine optimale Substratbeschaffenheit.
Für diejenigen, die nicht in der Lage sind, die technischen Voraussetzungen für die Nachbehandlung des Substrats zu schaffen, besteht die Möglichkeit, unter Ausnutzung der natürlichen Gärungsbereitschaft des Substrates eine Nachgärung im Raum mit einfachen Mitteln, wenn auch nicht in der pflanzenbaulichen und technischen Perfektion wie vorher dargestellt, zu erreichen und damit auch eine gleichmäßigere Beschaffenheit des Substrates und einen höheren Ertrag.
Zu diesem Zweck wird der zur Verfügung stehende Stalldung einmal weniger umgesetzt, als es sonst normalerweise notwendig ist. Das Substrat ist zu diesem Zeitpunkt bereits ziemlich mürbe, hat jedoch noch einen etwas intensiven Geruch und ist etwas feuchter als in fertig aufbereitetem Zustand. Der Champignonanbauer benötigt nun mindestens 12 bis 15 cm hohe *Kisten*, die jedoch nicht höher als 25 cm sein dürfen, in einer so großen Anzahl, daß er die gesamte gleichzeitig kompostierte Substratmenge abfüllen kann. Dabei werden die Kisten gleichmäßig lok-

ker bis zu einer Höhe von 1 bis 2 cm über den Kistenrand gefüllt. Das Substrat in den Kisten wird also nicht angedrückt.

Die gefüllten Kisten stellt man sofort, bevor das Substrat sich stärker abkühlt, in einem lüftbaren, aber geschlossenen Raum auf, und zwar 5 bis 7 Kisten ohne Zwischenraum übereinander. Die *Kistenstapel* werden eng zusammengerückt. Ein Zwischenraum von 1 cm soll jedoch zwischen ihnen vorhanden sein. Die Stapel werden so angeordnet, daß ein quadratischer oder rechteckiger geschlossener Block entsteht. Die untersten Kisten werden nicht direkt auf den Fußboden, sondern auf Stapelhölzer, Steine oder leere Kisten gestellt. Der ganze Stapel wird sodann mit *Plastfolie* vollständig eingehüllt. Die Folie soll etwa 2 cm über dem Fußboden abschließen, so daß zwischen dem Blockinneren und dem umgebenden Raum ein Luftaustausch möglich ist. Auf die Oberfläche des Stapels deckt man einen alten Teppich, Strohdecken oder anderes wärmedämmendes Material.

Im Stapel tritt nun in der Regel nach etwa 2 Tagen eine gleichmäßige Nachgärung ein, wobei die *Temperatur* im Innern auf 50 bis 60 °C, aber nicht darüber, ansteigen soll. Wir erkennen an der Bildung von Schwitzwasser unter der Folie den Eintritt der Heißgärung. Durch Messen der Temperatur kontrollieren wir, daß sich der obere Teil des Stapels nicht über 60 bis 62 °C erhitzt. Besteht diese Gefahr, müssen wir die Folie weiter anheben, so daß die heiße Luft im Stapelinneren besser entweichen kann.

Die *Nachgärung* hält im allgemeinen bis zu einer Woche an. Wenn dann die Temperatur in den oberen Kisten unter 50 °C zu fallen beginnt, nehmen wir den Stapel auseinander und verwenden das Substrat. Es muß dann in allen Teilen alle Eigenschaften eines gut aufbereiteten Champignonsubstrats aufweisen.

Die hier geschilderte Nachgärung gelingt in der Regel nur bei Stalldung. Bei Strohsubstraten besteht bei der erforderlichen Verkürzung der Kompostierung die Gefahr, daß sich das Stroh noch nicht genügend zersetzt hat und noch zu hart ist. Während der Nachgärung tritt aber eine wesentliche Zersetzung der Strohteile nicht mehr ein. Wird andererseits die Kompostierung bis zum optimalen

Zersetzungsgrad der Strohsubstrate fortgesetzt, reicht die Gärungsbereitschaft dieser Substrate für den Eintritt der Heißvergärung im geschlossenen Kistenstapel nicht aus.

Eine Nachgärung des Substrats im Anbauraum kann auch dann erzielt werden, wenn das Substrat nach der Kompostierung nochmals in flache Schichten in einer Höhe von 40 bis 70 cm locker aufgesetzt wird. Damit die Nachgärung bei 45 bis 60 °C schneller einsetzt, deckt man die Flachhaufen vorerst oben ab. Man läßt die Nachgärung ausklingen, bis der Temperaturwert von 45 °C unterschritten wird. Bei tieferen Temperaturen ist kein Nachgärungseffekt zu erwarten.

Die Nachgärung des Substrats bringt besonders in solchen Fällen Vorteile, bei denen während der Kompostierung Störungen im Ablauf der Heißvergärung eingetreten sind und das Substrat am Ende der Kompostierung zwar den erforderlichen Zersetzungsgrad aufweist, die Stickstoffumsetzung jedoch noch nicht abgeschlossen ist, was man am noch vorhandenen intensiven Amoniakgeruch und der verhältnismäßig geringen Strahlenpilzentwicklung (fehlende oder kaum sichtbare grauweiße Sprenkelung) erkennt.

Das Anlegen der Beete

Aus dem aufbereiteten Champignonsubstrat werden in den für den Anbau vorgesehenen Räumen die Beete geformt. Diese Arbeit wird möglichst schnell, innerhalb eines Tages, erledigt. Wenn Teile von mehr oder weniger erkalteten Substrathaufen über Nacht im Freien bleiben, treten unvermeidlich Qualitätsminderungen am Substrat ein.
Das Anlegen der Beete kann in verschiedener Weise erfolgen. Man kann sich darauf beschränken, nur die Bodenfläche mit Beeten zu belegen. Es ist aber auch möglich, mehrere Beetschichten übereinander anzulegen. Dazu benötigt man Gestelle mit zwei bis vier übereinanderliegenden Plattformen oder Kisten, in die man das Substrat füllt und dann im Anbauraum mit den erforderlichen Zwischenräumen übereinander stapelt.

Flachbeete

Sofern man die Beete auf dem Fußboden oder auf Stellagen anlegt, formt man aus dem Substrat flache Schichten, die im Regelfall etwa *20 cm* hoch und 1,20 cm breit sind. Diese Beete lassen sich von beiden Seiten bequem bearbeiten. Das Substrat wird noch einmal gut gelockert und gemischt und dann mit der Gabel zu Beeten gepackt, wobei es mit dem Gabelrücken festgeklopft wird. Die Seiten der Beete läßt man senkrecht abfallen oder gibt ihnen eine Neigung von 45 °C. Diese Beete werde bepflanzt oder – wie es in der Fachsprache heißt – »beimpft«.
Die Beete können auch höher als 20 cm angelegt werden, etwa 25 bis 30 cm. Dann ist es jedoch unbedingt zweck-

mäßig, das Substrat gleich beim Anlegen der Beete mit dem Pflanzgut, der Champignonbrut, zu mischen. Auf dieses Verfahren wird im folgenden Abschnitt näher eingegangen. Höher als 30 bis 35 cm sollten die Beete jedoch in keinem Fall angelegt werden, weil sonst die Gefahr besteht, daß in diesen hohen Schichten wieder eine Gärung einsetzt und die Temperatur über 30 °C ansteigt, wodurch das Myzel geschädigt werden kann. Diese Gefahr besteht in gewissem Umfang bereits bei einer Beethöhe zwischen 25 und 35 cm.

Die *Ertragsleistung* je m^2 Beetoberfläche ist unter anderem abhängig von der Substratmenge, die je Flächeneinheit (m^2) verwendet wird. Sehr flache Beete, die niedriger als 15 bis 20 cm sind, bringen demzufolge einen entsprechend niedrigen Ertrag. Es ist wenig sinnvoll, die Beete zu niedrig anzulegen. Beete, die höher sind als 20 bis 25 cm, bringen in der Regel aber auch nur dann einen entsprechenden höheren Ertrag, wenn sie nicht nur an der Oberfläche beimpft werden. Die Steigerung des Flächenertrages bei gleichbleibender Substratausnutzung ist jedoch Sinn und Zweck der Anwendung höherer Beetschichten. Die Sicherheit einer guten Substratausnutzung ist bei Beeten normaler Höhe (20 cm) allerdings etwas größer als bei dickeren Schichten, besonders dann, wenn das Substrat qualitative Mängen aufweist oder andere Störungen beim Anbau eintreten (Krankheitsbefall usw.).

Wenn die Beete unmittelbar auf dem Raumboden angelegt werden, belassen wir zwischen ihnen 30 bis 40 cm breite Wege. Bei kaltem, ungedämmtem Untergrund ist es nicht zweckmäßig, das Substrat direkt auf den Boden zu packen, weil die Beettemperatur von der Temperatur des Untergrundes nachteilig beeinflußt wird und das Beet sich sehr schnell abkühlt. Das führt dann zu langsamer und stockender Myzelentwicklung und später zu Ertragsminderungen. Es ist besser, die *Beete auf Platten* oder ähnlichem anzulegen. Durch untergelegte Steine, Rohre oder Bretter kann ein wärmedämmendes Luftpolster zwischen Beet und Raumboden hergestellt werden.

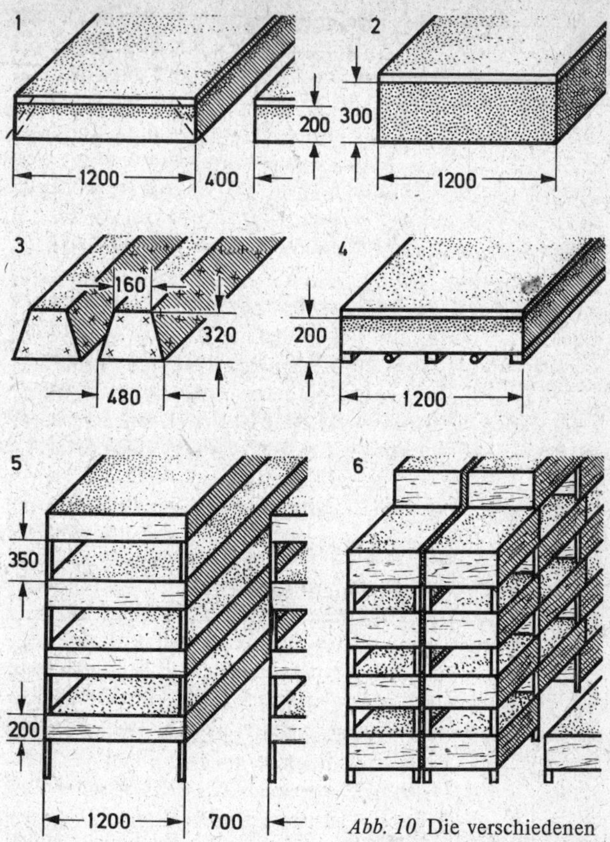

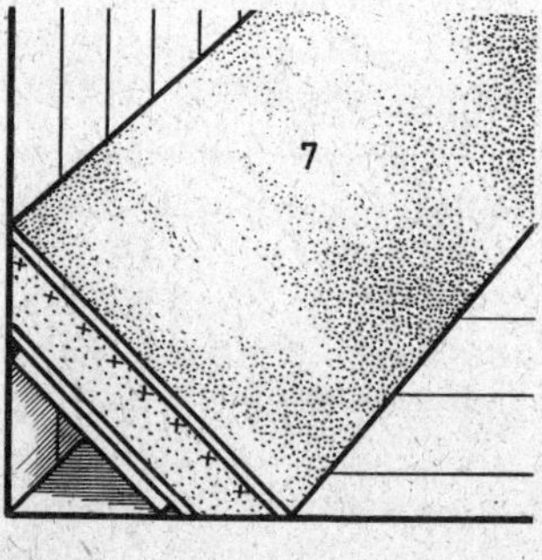

Abb. 10 Die verschiedenen Beetformen und ihre Maße 1 normales Flachbeet mit senkrechten oder schrägen Kanten, 2 überhöhtes Flachbeet (Mischimpfung erforderlich), 3 Hügelbeete (Kreuze markieren die Impfstellen), 4 Grundbeet auf Platte, elektrisch beheizt, 5 Stellagenkultur, 6 Kistenkultur, 7 Wandbeet auf Platten

Hügelbeete

Wenn man die Oberfläche der Beete durch entsprechende Formung des Substrates vergrößert, bringt man eine größere Substratmenge auf der gleichen Bodenfläche unter und erreicht dennoch eine gute Substratausnutzung. Auf diese Weise entstehen Grundbeete mit welliger Oberfläche oder sogenannte Hügelbeete. Diese legen wir an der Basis etwa 50 cm breit und 30 cm hoch an. Oben werden die Beete so abgerundet, daß die gesamte Beetoberfläche später mit Erde bedeckt werden kann. Die Seiten dürfen also nicht zu steil sein. Im allgemeinen legt man zwei Damm- oder Hügelbeete unmittelbar nebeneinander an; zwischen den Beetpaaren befinden sich dann die Wege. Beim Anlegen dieser Beete muß das Substrat besonders gut angeklopft werden, so daß die Beete eine federnde Festigkeit erhalten. Aber auch bei Flachbeeten ist auf eine feste Packung des Substrats zu achten.

Dachbeete

Wenn man Platten im Winkel von 45° schräg an die Wand lehnt und von unten ausreichend abstützt, die Platten anschließend in einer Stärke von 20 bis 25 cm mit Substrat beschickt, entstehen sogenannte Dach- oder Wandbeete. Durch die Schräglage der Beete kann die Bodenfläche besser genutzt werden, die Ernte läßt sich bequem durchführen, und man vermeidet auch in diesem Fall, das Substrat direkt auf den kalten Fußboden zu pakken.

Champignonanbau in Kisten

Wenn mehrere Beete übereinander angelegt werden sollen, benötigen wir Kisten oder Gestelle (Stellagen).
Man kann alle Arten von Kisten für den Champignonanbau verwenden, innerhalb eines geschlossenen Stapels müssen jdoch *alle Kisten die gleichen Maße* haben. Sind die Kisten niedrig, geben wir dem Substrat beim Füllen eine gewölbte Oberfläche, so daß die Substratschicht in der

Kiste eine Höhe von mindestens 12 cm erreicht. Bei Subtratschichten, die niedriger als 12 cm sind, wäre der Ertrag verhältnismäßig gering. Am besten eignen sich 15 bis 20 cm hohe Kisten. Sind diese etwa einen halben Quadratmeter groß und mit Substrat gefüllt, können sie von zwei Personen noch gut transportiert werden. Größere Behälter sind in gefülltem Zustand zu schwer.

Die gefüllten Kisten werden übereinander mannshoch gestapelt. Dies geschieht am besten im Schachbrettsystem. Dabei werden sie so übereinandergestellt, daß über jeder ein freier Raum verbleibt, der für die Entwicklung der Fruchtkörper, für den Luftaustausch und die Arbeiten an den Kisten ausreicht. Kisten, die niedriger als 15 cm sind, müssen deshalb mit mindestens 15 cm hohen Kanthölzern versehen werden, damit beim Stapeln ein ausreichender Abstand zwischen Substratoberfläche und dem Boden der nächsthöheren Kiste vorhanden ist. Die Kanthölzer werden in den vier Ecken an den Kistenboden genagelt. Beim »Schachbrettstapel« müssen jeweils die Kisten am Ende des Stapels durch Gestelle abgestützt werden.

Die Möglichkeit, die *Kisten* während der Anbauzeit *transportieren* zu können, bietet gewisse Vorteile. Im vorangehenden Abschnitt wurde die Nachgärung des Substrats in Kisten erwähnt. Wenn man die gefüllten und mit Champignonbrut beschickten Kisten hoch aufstapelt und durch Einlegen kleiner Hölzchen für einen etwa 5 cm hohen Abstand zwischen Substratoberfläche und dem Boden der darüber befindlichen Kiste sorgt, kann man auch in einem kleinen Raum viele Kisten unterbringen. Wird in der kalten Jahreszeit dieser Raum gut beheizt, tritt eine schnelle und kräftige Myzelentwicklung ein. Sobald das Champignonmyzel das Substrat fast durchwachsen hat, nimmt man die Kisten aus dem Raum heraus und kann sie nun auch in einem kühleren Raum aufstellen, der dann allerdings wesentlich größer sein muß, weil die Kisten hier für die Ernte im Schachbrettsystem aufgestellt werden.

Bei der Beschickung der Kisten mit Substrat müssen alle Ecken gut ausgefüllt, das Substrat danach angedrückt und seine Oberfläche geglättet werden. Die unterste Kiste stellt man nicht unmittelbar auf den Fußboden, sondern auf Steine oder dgl.

Champignonanbau auf Stellagen

Wenn keine Kisten zur Verfügung stehen, sollte man sich aus altem Material Stellagen mit zwei, drei oder vier Plattformen bauen. Wir nehmen dazu altes Profileisen und schneiden daraus Ständer, Quer- und Längsträger. Aus den Ständern und Querträgern werden leiterartige Gestelle gebaut. Durch Bolzen werden die Profileisen miteinander verbunden. Der Abstand zwischen den Oberkanten der Querträger beträgt jeweils 55 bis 60 cm, der unterste Querträger soll sich etwa 20 bis 30 cm über dem Fußboden befinden. Stehen die Gestelle frei im Raum, können sie bis 1,20 m breit sein, stehen sie direkt an der Wand, höchstens 0,60 m.
Die *leiterartigen Gestelle* werden nun im Boden bzw. an der Decke verankert und mit Längsträgern belegt. Diese können lose auf die Leitergestelle gelegt oder aber fest mit diesen verbunden werden. In diesem Fall ist es nicht erforderlich, alle Ständer zu verankern. Der Abstand zwischen den Ständern richtet sich nach den Dimensionen der Profileisen, sollte aber im Höchstfall 1,50 bis 2,00 m betragen. Die Längsträger liegen im Abstand von 0,50 m, bei 1,20 m breiten Stellagen jeweils drei nebeneinander. Sie werden mit Brettern oder Platten belegt. Wie viele Plattformen übereinander angelegt werden könne, ist von der Raumhöhe und den Belüftungsmöglichkeiten abhängig. Das Stellagengerüst kann auch aus altem Rohrmaterial gefertigt werden. Ein Rohrdurchmesser von 45 bis 50 mm ist ausreichend. Die Rohre werden zweckmäßigerweise miteinander verschweißt. An ihren Enden werden sie geschlossen. Damit sie von innen infolge Schwitzwasserbildung nicht ausrosten, füllt man vorher etwas Kieselgel in die Rohre.
Selbstverständlich können die Stellagen auch aus entsprechend starken *Kanthölzern* gebaut werden. Das Holz sollte man jedoch gut imprägnieren und gegebenenfalls mehrmals streichen, so daß eine lange Haltbarkeit er-

reicht wird. Unabhängig von der Art des verwendeten Materials sind die angegebenen Maße für die Breite der Stellagen und den Abstand zwischen den einzelnen Plattformen beizubehalten. Die unterste Plattform soll sich mindenstens 20 cm über dem Fußboden befinden.
Die *Plattformen* der Stellagen werden mit einer mindestens 15 cm hohen Substratpackung beschickt. Diese wird gleichmäßig fest angedrückt. Werden die Substratschichten wesentlich höher als 20 cm angelegt, dann empfiehlt es sich zur Sicherung einer guten Substratausnutzung, das Substrat beim Packen mit Körnerbrut zu mischen. An den Seiten werden 15 bis 20 cm hohe Bretter oder Streifen aus Platten eingelegt, um den Beeten einen seitlichen Abschluß zu geben.

Das Beimpfen

Der Champignonanbauer nennt das Bepflanzen der Beete mit Myzelteilen des Kulturchampignons »beimpfen« oder auch »spicken«. Das dafür verwendete myzeliumhaltige Material bezeichnet man als Champignonbrut. Sie wird in Spezialbetrieben unter laboratoriumsmäßigen Bedingungen hergestellt und von dort an die Champignonanbauer verkauft. Die Qualität der Brut hat einen nicht unerheblichen Einfluß auf die Ertragsleistung der Anlagen, vorausgesetzt, daß die sonstigen Kulturbedingungen günstig sind. In einem schlechten Nährsubstrat kann sich auch die beste Brut nicht gut entwickeln. Man unterscheidet im wesentlichen zwei Brutarten: Substratbrut und Körnerbrut bzw. granulierte Brut.

Substratbrut

Die Substratbrut besteht aus strohhäckselhaltigem, einer Spezialbehandlung unterzogenem Nährsubstrat, das vom Champignonmyzel völlig durchwachsen ist.
Sie kommt in Zylinder- oder Rollenform in den Handel. Eine Brutrolle ergibt etwa 30 walnußgroße Impfstücke und reicht für 1 m^2 Beetoberfläche. Der einzige Lieferant für Frischbrut in der DDR ist das VEG Champignonzucht Dieskau (Saalkreis). Eine Rolle kostet 4,50 M zuzüglich Verpackungs- und Versandkosten.
Die *Substratbrut* kommt in feuchtem Zustand in den Handel. Sie sollte möglichst bald verwendet werden. Eine Zwischenlagerung ist zu vermeiden, und deshalb sollte die Brut erst wenige Tage vor der Verwendung bezogen werden. Eine Vorbestellung der Brut etwa vier bis sechs

Abb. 11 Das Pflanzgut: Champignon-Dünger- oder Substratbrut. Sie läßt sich leicht in Scheiben brechen, diese wiederum in walnußgroße Impfstücke

Wochen vor dem Bedarfstermin ist jedoch zu empfehlen. Erweist es sich dennoch als erforderlich, die Brut nach der Lieferung noch einige Tage zu lagern, so geschieht dies am besten im Kühlschrank bei einer Temperatur zwischen +1 bis +4 °C (nicht einfrieren lassen!) oder an einem anderen kühlen Standort.
Man achte darauf, daß die Brut vom Pilzmyzel *reichlich* und *gleichmäßig* durchwachsen ist, einen angenehmen Geruch hat, keinen Schädlingsbefall (Fliegen, Mücken und deren Larven, Springschwänze, Milben) oder schwarze, gelbe, grüne Fäulnis- oder Schimmelstellen aufweist. Unter normalen Bedingungen, d. h. bei gutem Nährsubstrat und günstigen Beettemperaturen, muß sich auf der Brut drei bis fünf Tage nach dem Auslegen ein filziger Belag auswachsenden Champignonmyzels zeigen.

Die Spickmethode

Substratbrut wird in das Substrat »gespickt«. Dazu wird die Brutrolle zunächst in etwa 2 bis 3 cm dicke Scheiben gebrochen und diese in etwa walnußgroße Stücke. Diese

Abb. 12 Die Impfstücke der Substratbrut werden in den erforderlichen Abständen auf der Beetoberfläche ausgelegt und dann etwa 5 cm tief in das Substrat eingepflanzt

werden im Abstand von etwa 20 bis höchstens 25 cm etwa drei bis fünf cm tief in die Beete eingelegt und das Substrat an die Brutstücke leicht angedrückt. Das Brutstück selbst soll möglichst wenig gedrückt werden. Dieser Beimpfungsvorgang ist sehr einfach und wenig zeitaufwendig. Nach dem Spicken wird die Beetoberfläche wieder geglättet. Düngerbrut ist für alle Beetformen geeignet. Bei geneigten Beetoberflächen (Hügelbeete, Dachbeete) werden die Brutstücke von der Seite in das Substrat gelegt. Hügelbeete werden nur so in zwei oder drei Reihen beimpft.
Die Beimpfung erfolgt unmittelbar nach dem Anlegen der Beete bzw. nach Beendigung der Gärungsvorgänge. Die Substrattemperatur darf danach nicht über 28 °C ansteigen, weil sonst das Myzel geschädigt werden kann.

Körnerbrut und granulierte Brut

Körnerbrut beteht aus gequollenen und sterilisierten Getreidekörnern (meistens Weizen), die vom Champignonmyzel völlig überwachsen sind. Die Körnerbrut kommt in Ein- oder Zwei-Liter-Gefäßen zum Versand. Durch den Versand in den Anzuchtbehältern besteht die Garantie dafür, daß die Körnerbrut absolut frei von Schädlingen, Krankheitskeimen und Konkurrenzorganismen ist. Körnerbrut kann vom VEG Champignonzucht Dieskau direkt bezogen werden. Ein Liter Körnerbrut kostet 9,– M ohne Verpackungs- und Versandkosten und reicht zur Beimpfung von 1,5 m^2 Beetoberfläche (8 l/t Substrat). Körnerbrut sollte, wie frische Düngerbrut, möglichst *sofort verwendet* und nicht längere Zeit gelagert werden. Hinsichtlich Bestellung und Zwischenlagerung verhalte man sich deshalb wie bei dem Bezug von Substratbrut. Die Körnerbrut ist in den Flaschen meistens fest zusammengewachsen. Zur Lockerung bedient man sich eines Metallstabes, oder man schüttelt die Flaschen kräftig, bis sich die einzelnen Körner gelöst haben. Dann kann man die Flaschen bequem entleeren.

Abb. 13 Streufähiges Pflanzgut. Champignon-Körnerbrut

Granulierte Brut entspricht in der Anwendungsmöglichkeit, in der Ergiebigkeit und im Preis der Körnerbrut. Sie besteht aus vorwiegend anorganischen kornähnlichen Teilchen, die vom Champignonmyzel überwachsen sind. Sie wird in Kartons bzw. Plastebeuteln geliefert.

Anwendung der Körnerbrut bzw. granulierten Brut

Für die Verimpfung der Körnerbrut bzw. der granulierten Brut gibt es drei Möglichkeiten:

1. Mit einem Eßlöffel werden etwa 15 Körner in *einzelnen Spickstellen* etwa 3 bis 5 cm unter der Beetoberfläche untergebracht. Die Spickstellen erhalten einen Abstand von etwa 20 bis höchstens 25 cm. Diese Methode wendet man besonders bei der Beimpfung von Hügelbeeten oder Dach- und Wandbeeten an, also Beetformen mit geneigten Oberflächen.
2. Die Körner werden wie bei einem Aussaatvorgang *gleichmäßig* über die horizontale Beetoberfläche *ausgestreut* und dann mit der Hand einige Zentimeter tief in die oberste Substratschicht eingearbeitet. Das ist die gebräuchliche Methode.
3. Beim Packen der Beete oder Füllen von Kisten wird die Körnerbrut *gleichmäßig mit dem gesamten Substrat gemischt.* Das ist eine Methode, mit deren Hilfe man ein schnelleres Durchwachsen des Substrates erreichen kann. In der Regel beginnt dadurch die Ernte bis um eine Woche früher, und häufig erntet man mehr als bei der üblichen Oberflächenbeimpfung.

Dieses Verfahren ist auch die Voraussetzung für eine gute Substratausnutzung bei der Anwendung von Substratschichten, die höher als 20 cm sind. Sie ist jedoch nur bei einer ausgezeichneten Beschaffenheit des Substrats gesichert.

Sind die Beete 25 bzw. 30 cm hoch, sind 25% bzw. 50% der angegebenen Brutmenge zusätzlich erforderlich. Nur zwei Drittel der benötigten Brutmengen werden direkt mit dem Substrat gemischt, das übrige Drittel wie bei der üblichen Oberflächenimpfung verwendet, um zu sichern, daß die Oberschicht des Substrats zuerst und schnell vom Champignonmyzel besiedelt wird.

Abb. 14 Die Körner werden über die Substratoberfläche gestreut, anschließend in die oberste Substratschicht eingearbeitet oder gründlich mit der gesamten Substratmenge gemischt

In Beeten, die höher als 20 cm sind, tritt einige Tage nach Durchführung der Mischimpfung wieder eine Erwärmung ein, weil von dem sich überall im Beet ausbreitenden Champignonmyzel Stoffwechselwärme produziert wird, die aus höheren Beeten nicht ebenso schnell entweichen kann, wie sie gebildet wird. In 25 cm hohen und höheren Beeten kann die Temperatur deshalb wieder auf 30 °C und mehr ansteigen, wenn die Raumtemperatur wesentlich über 16 °C liegt. Ein Temperaturanstieg bedeutet aber eine Gefahr für das Champignonmyzel. Deshalb sollte man mit der Anwendung derartiger Beethöhen in Verbindung mit Mischimpfung während der warmen Jahreszeit besonders vorsichtig sein, zumal ein Ertragsausfall sich bei den hohen Beeten besonders nachteilig auswirkt, denn sie erfordern einen höheren Aufwand an Substrat, Brut und Arbeitszeit. Während der kalten Jahreszeit kann dagegen dieses Verfahren in schwer heizbaren Räumen besonders vorteilhaft sein.

Körnerbrut wird in zunehmendem Maße dort angewendet, wo *gutes Nährsubstrat* vorliegt, *günstige Temperaturen* für die Anfangsentwicklung gehalten werden können und die obersten *Substratschichten* nur *langsam abtrocknen* bzw. ein vorzeitiges Austrocknen wirkungsvoll verhindert werden kann. Erlauben die Bedingungen nicht, daß das Myzel von den Körnern aus sofort in das Substrat hineinwachsen kann, besteht die Gefahr, daß die Körner verschimmeln. Dadurch wird jede weitere Entwicklung verhindert.

Im allgemeinen wird im Champignonanbau heutzutage der Verwendung von Körnerbrut der Vorzug gegeben, weil jedes einzelne Korn ein Myzelträger ist und dadurch bei günstigen Voraussetzungen und guter Verteilung eine schnellere und gleichmäßigere Besiedlung des Substrats mit dem Pilzmyzel erreicht wird.

Die Sortenfrage

Vom Kulturchampignon werden mehrere Sorten gehandelt, die in der Sortenliste verzeichnet sind. Im Rahmen einer intensiven züchterischen Bearbeitung werden im Laufe der Jahre bisweilen alte, überholte und nicht mehr leistungsfähige Stämme durch neue ersetzt.

Die Sorten des Kulturchampignons unterscheiden sich in ihrem äußeren Erscheinungsbild, aber auch in ihren inneren Wertigkeiten, den Ansprüchen an die Anbaubedingungen und in ihrer Anfälligkeit gegenüber Krankheits- und Schädlingsbefall. *Eine Sorte, die unter allen Bedingungen* immer *die besten Ergebnisse bringt* und die beste Qualität liefert, *gibt es* deshalb *nicht.*

Nach dem äußeren Erscheinungsbild unterscheidet man zwischen Sorten, deren Fruchtkörper reinweiße, cremeweiße, cremefarbene oder braune Hüte haben, die groß-, mittelgroß- oder kleinfrüchtig sind und deren Hutoberfläche glatt oder geschuppt ist. Von den derzeit zugelassenen Sorten ist »Trolli« reinweiß, kleinfrüchtig und glatt, »Schneekristall« cremeweiß, großfrüchtig und geschuppt, »Blondine« cremefarben, großfrüchtig, leicht geschuppt, »Bräunling« dunkel cremefarben bis braun, großfrüchtig, leicht geschuppt.

Die hellen Sorten sind im allgemeinen etwas transportempfindlicher als die dunkleren Sorten, deren Aroma etwas stärker und deren Eiweißgehalt etwas höher ist. Die dunkleren Sorten verlangen während der Ertragsperiode ein in besonderem Maße kühles und feuchtes Raumklima, während die weißen Sorten auch unter etwas wärmeren und trockneren Verhältnissen noch befriedigen. Normalerweise sollte man in einem Raum auch nur eine Sorte haben.

Wenn man aber feststellen will, welche der angebotenen Sorten unter den vorhandenen Bedingungen die besten Leistungen bringt, muß man sie nebeneinander anbauen und die Erträge von jeder Sorte, auf die Flächeneinheit bezogen, getrennt erfassen, dabei ihre Qualität berücksichtigen, um bestimmte Schlußfolgerungen ableiten zu können.

Deckerden und ihre Verwendung

Die Deckerde ist das Material, das während des Anbaus zuletzt benötigt wird. Dennoch wird sich der Anbauer rechtzeitig überlegen, woher er die Erde nimmt. An die Beschaffenheit derselben werden nämlich bestimmte Forderungen gestellt, und auch von der Deckerde hängt es ab, wie hoch der Ertrag wird.
Einige Zeit nach dem Anlegen und Beimpfen ist die Beetoberfläche gleichmäßig mit einer 4 cm dicken Erdschicht zu überziehen. Für 10 m^2 Beetoberfläche benötigt man deshalb reichlich 0,4 m^3 Deckerde, das entspricht dem Inhalt von etwa drei Schubkarren.

Beschaffenheit und Zusammensetzung der Deckerde

Nährstoff- und humusreiche Garten- oder Komposterde soll möglichst nicht verwendet werden. Gut geeignet sind lehmhaltiger Sand oder eine etwas lehmige Erde mit geringem Humusgehalt, aber von brockiger, also nicht zu feiner Struktur. Nur größere Klumpen, gröbere Bestandteile oder Fremdkörper, größere Steine, Holz usw. lesen wir heraus oder sieben diese ab.
Man findet solche Erden dort, wo Baugruben ausgehoben werden oder auch an Sand-, Lehm- und Kiesgruben als Abraum. Enthält diese Erde dennoch einen größeren Anteil an Humus, besteht die Gefahr, daß wir mit ihr Krankheitserreger und Schädlinge, z. B. Älchen, in unsere Beete einschleppen. In diesen Fällen wäre es daher erforderlich, sie vor der Verwendung zu desinfizieren. Das kann durch Erhitzen mit Hilfe von Dampf geschehen.

Diese Möglichkeit ist dem Kleinanbauer jedoch kaum gegeben. Er kann die Desinfektion der Deckerde einfacher durch Formalin vornehmen.

Zusatz von Torf

Bei Verwendung von sehr sandiger Erde kann es leicht vorkommen, daß die Erdschicht immer verhältnismäßig schnell austrocknet und deshalb während der Anbauzeit viel gegossen werden muß. Wenn dies unachtsam geschieht, besteht die Gefahr, daß das Gießwasser in die oberste Substratschicht eindringt und dadurch Schaden entsteht. Sehr lehmige Erde wiederum verschlämmt durch das wiederholte Gießen leicht; wenn die Erdschicht in der Zwischenzeit abtrocknet, wird sie krustig und behindert die Durchlüftung.
Alle diese Nachteile kann der Anbauer leicht beseitigen, wenn er der Erde etwas Torf beimischt. Ein Teil Torf plus zwei Teile sandige oder lehmige Erde ergeben eine Mischung, die niemals enttäuschen wird (150 l Torf und 300 l Erde je 10 m^2 Beetoberfläche). Man verwendet dazu eine Torfart, die kurzfasrig oder schon stärker zersetzt ist. Zu junges, grobfasriges oder wenig zersetztes Material ist weniger geeignet. Der Torf kann in Ballen, Säcken oder auch lose von der BHG über die Sparten des Verbandes der Kleingärtner, Siedler und Kleintierzüchter bezogen werden. Ist der Torf ausgetrocknet, wässern wir ihn zuerst gründlich und mischen ihn erst dann mit der uns zur Verfügung stehenden Erde. Ist diese übermäßig sandig-kiesig und wollen wir möglichst wenig Torf verwenden, beschaffen wir uns noch stark lehmige Erde und mischen von dieser und von Torf je einen Teil mit zwei Teilen der übrigen Erde (100 l Torf, 100 l Lehmerde und 200 l Sand je 10 m^2 Beetoberfläche). In entsprechender Weise verfährt man, wenn hauptsächlich nur lehmige Erde zur Verfügung steht; in diesem Fall beschaffen wir uns noch Sand und mischen von diesem und Torf je einen Teil mit zwei Teilen Lehmerde. Erhöhen wir den Torfzusatz bis zur Hälfte der Gesamtmischung, kann die übrige Erde jeweils lehmiger oder sandiger sein, und die Ertragssicherheit der Mischung wird entsprechend verbessert.

Kalkzusatz

Bei Verwendung von Torf oder leicht saurer Erde versäumen wir nicht, der Mischung noch kohlensauren Kalk zuzusetzen, sogenannten Düngekalk. Auf 100 Teile Mischung gibt man 3 bis 5 Teile kohlensauren Kalk, also 12 bis 20 l Kalk auf 400 l Deckerdemischung, ausreichend für je 10 m^2 Beetoberfläche. Wir können Kalkmergel oder kalkmergelhaltige Erde verwenden und dann den Anteil dieser Erde bis auf ein Drittel der Gesamtmischung erhöhen. Dagegen vermeide man die Verwendung von Brannt- oder Löschkalk, weil bereits durch geringe Zusatzmengen dieser Kalkarten die Mischung zu alkalisch werden kann.

Aufbereitung der Deckerde

Die Erde wird mehrere Male gut durchgemischt. Dabei sollte sie noch befeuchtet werden, sofern sie mehr oder weniger ausgetrocknet ist. Das muß aber vorsichtig geschehen. Keinesfalls darf die krümlige Beschaffenheit der Mischung durch die Befeuchtung zerstört werden. Absieben ist nur dann erforderlich, wenn die Erde einen hohen Anteil an festen Klumpen und Fremdkörpern, Steinen, Holz, Unkraut oder Wurzeln enthält. Man verwendet ein grobmaschiges Sieb, das sehr schräg gestellt wird, so daß die durchgesiebte Erde immer noch grobkrümlig ist. Im übrigen beschränkt man sich darauf, die Fremdkörper beim Mischen aus der Erde auszulesen.
Für das Bedecken von Hügelbeeten, Dach- oder Wandbeeten ist allerdings eine Erde von gleichmäßig feiner Struktur notwendig, um eine gute Haftfähigkeit dieser Erde an der geneigten Beetoberfläche zu erzielen.

Das Bedecken

Die handfeuchte Erde wird bei Hügelbeeten von unten gleichmäßig über die Beetoberfläche geschoben, wobei zu beachten ist, daß die Erdschicht am Fuß der Beete nicht übermäßig dick (mehr als 5 bis 6 cm) und obenauf nicht zu dünn (weniger als 4 cm) wird. Die Beete werden vor dem Bedecken noch einmal festgeklopft, so daß die Substratteile gut anliegen und keine Mischung aus losen Substratteilen und Deckerde entsteht, wodurch das Bedecken sehr behindert werden würde. Das Bedecken horizontaler Beetoberflächen ist wesentlich einfacher. Soweit erforderlich, werden diese vor dem Aufbringen der Erde ebenfalls noch einmal geglättet, so daß die Erde gleichmäßig aufgetragen werden kann, ohne daß durch »Mulden« oder erhöhte Stellen eine unregelmäßig dicke Deckschicht entsteht. Geneigte Beetränder werden mit bedeckt. Fallen die Seiten senkrecht ab, müssen sie unbedeckt bleiben, wodurch kein Ertragsausfall entsteht. Bei Beeten auf Stellagen ist jedoch eine Einfassung durch Bretter oder ähnliches Material empfehlenswert, weil sonst bei der Bearbeitung ständig Erd- und Substratteile auf den Fußboden fallen und diesen verschmutzen. Während die Erde auf am Boden befindliche Beete am besten mit der Schaufel aufgebracht wird, ist es bei etagenweise angeordneten Beeten (Kisten, Stellagen) erforderlich, die Erde mit Hilfe flacher Kisten oder Bleche mit niedrigen Rändern auf die Beetoberfläche zu befördern. Diese Behälter, die an einer Längsseite randlos sein sollten, damit man die Erde bequem auf die Beete abkippen kann, dienen zugleich als Maß für die Deckerde. Damit die Erde gleichmäßig dick aufgetragen wird, kann man entsprechend hohe Holzleisten auf die Beetoberfläche legen, bis zu deren oberer Kante die Erde über die Beetoberfläche verteilt wird.

Der günstigste Zeitpunkt zum Bedecken

Die Substratoberfläche wird bedeckt, wenn etwa zwei Drittel der Substratmasse vom Champignonmyzel durchwachsen sind. Das ist in der Regel zwei bis drei Wochen nach dem Beimpfen der Fall, kann aber unter weniger günstigen Bedingungen auch bis zu vier Wochen dauern. Hat man die Brut in einzelnen Spickstellen untergebracht, ist der Zeitpunkt zum Bedecken der Beete gekommen, wenn das Myzel ineinanderzuwachsen beginnt, also etwa 8 cm von den Spickstellen nach allen Seiten gewachsen ist. Zur Feststellung der Myzelentwicklung genügt die

Abb. 15 Das Myzelwachstum ist deutlich zu erkennen. In wenigen Tagen kann die Beetoberfläche mit Deckerde überzogen werden

oberflächliche Betrachtung der Beete nicht, denn wenn die Oberschicht des Substrats im bisherigen Verlauf der Kultur etwas ausgetrocknet ist, erscheint das Myzel nur selten an der Beetoberfläche, sondern wächst zuerst in das feuchtere Beetinnere. Es ist also erforderlich, von Zeit zu Zeit nach dem Bedecken die oberste Substratschicht etwas anzuheben, um festzustellen, wie weit das Myzel von den Impfstellen aus gewachsen ist. Bei der Mischimpfung ist die anfängliche Myzelentwicklung nur schwer zu erkennen. Der in der Folge eintretende Temperaturanstieg in den Beeten ist ein sicheres Anzeichen für die beginnende Entwicklung.

Einige Agrochemische Zentren, VEB Organische Düngestoffe und Spezialbetriebe stellen Champignondeckerde her, und es besteht die Möglichkeit, sie von dort zu beziehen.

Anbauverlauf und Pflegemaßnahmen

Beim Champignonanbau unterscheidet man im wesentlichen drei Entwicklungsphasen, auf die sich der Anbauer hinsichtlich der Klimagestaltung und der von ihm durchzuführenden Pflegemaßnahmen einstellen muß.

Entwicklungsphasen

Erste Entwicklungsphase

Die erste Entwicklungsphase beginnt mit dem Anlegen und Beimpfen der Beete und endet, wenn diese mit Erde bedeckt werden bzw. bedeckt werden sollten. Zu diesem Zeitpunkt hat das Champignonmyzel etwa zwei Drittel der zur Verfügung stehenden Substratmenge durchwachsen. In der ersten Entwicklungsphase kommt es auf eine schnelle und kräftige Myzelentwicklung an. Das Myzel soll als ein feinverzweigtes, bläulich-weißes, filziges Geflecht in das Substrat möglichst schnell hineinwachsen. Da in dieser Periode noch keine Pilze wachsen, ist der Anbauer daran interessiert, daß die Myzelentwicklung möglichst schnell erfolgt und deshalb bereits nach verhältnismäßig kurzer Zeit die Beete bedeckt werden können. Frühestens ist es 11 Tage nach dem Spicken soweit, im allgemeinen muß man aber 14 bis 21 Tage warten.
Eine verzögerte Entwicklung ist häufig mit einer langsamen und geringen Ertragsbildung verbunden, während eine schnelle und kräftige Entwicklung zugleich auch einen guten Ertrag erhoffen läßt. Durch ein feuchtwarmes Raumklima wird die Entwicklung des Myzels beschleunigt, vorausgesetzt, daß auch das Substrat in Ordnung ist.

Besondere Lüftungsmaßnahmen sind während dieser Phase noch nicht erforderlich oder sogar nachteilig.

Zweite Entwicklungsphase

Die zweite Entwicklungsphase erstreckt sich vom Zeitpunkt des Bedeckens der Beete mit Erde bis zu dem Zeitpunkt, an dem die ersten Pilze geerntet werden. Es ist eine Übergangsperiode von der unproduktiven Phase zur Ertragsperiode. Das Champignonmyzel durchwächst die restlichen Teile des Substrats, dringt aber zugleich in die untersten Schichten der aufgebrachten Deckerde ein, und in diesem Bereich kommt es dann zur Bildung der ersten Fruchtkörperanlagen, vorausgesetzt, daß das Raumklima auf diesen Vorgang abgestimmt wird. In dieser Phase erntet man zwar noch keine Pilze, aber es werden die letzten Voraussetzungen für eine reiche Ernte geschaffen. Deshalb ist der Anbauer daran interessiert, auch diese Periode so kurz wie möglich zu halten. Eine schnelle Myzelentwicklung verspricht einen schnellen Beginn der Fruchtkörperbildung. Durch das Bedecken der Beete mit Erde zum richtigen Zeitpunkt werden diese Bemühungen unterstützt. Zu spätes Bedecken verzögert den Beginn der Fruchtkörperbildung, zu frühes Bedecken kann sich nachteilig auswirken, wenn Raumklima und Substratbeschaffenheit den Forderungen nicht genügen. Die Fruchtkörperbildung wird durch einen allmählichen Wechsel von feuchtwarmem Raumklima zu einem kühlen, luftigen und dennoch feuchten Klima angeregt. Nach dem Bedecken sind also in zunehmendem Maße Lüftungsmaßnahmen erforderlich. Frühestens 14 Tage nach dem Aufbringen der Deckerde können die ersten Pilze geerntet werden. Im allgemeinen dauert es etwa 21 Tage. Können die ersten Pilze erst etwa 25 bis 30 Tage nach dem Bedecken geerntet werden, ist dies kein Zeichen für einen guten Ertrag, im Gegenteil!

Dritte Entwicklungsphase

Die dritte Entwicklungsphase bezeichnen wir als Ertragsperiode. Sie dauert 6 bis 12 Wochen, je nach Leistungsfähigkeit der Anlage, Beschaffenheit des Raumklimas, Substratmenge je Flächeneinheit (Beetdicke) usw. Der Anbauer ist in erster Linie an einem möglichst hohen Ertrag interessiert. Erst in zweiter Linie interessiert ihn die Dauer der Ertragsperiode. Er freut sich aber über einen

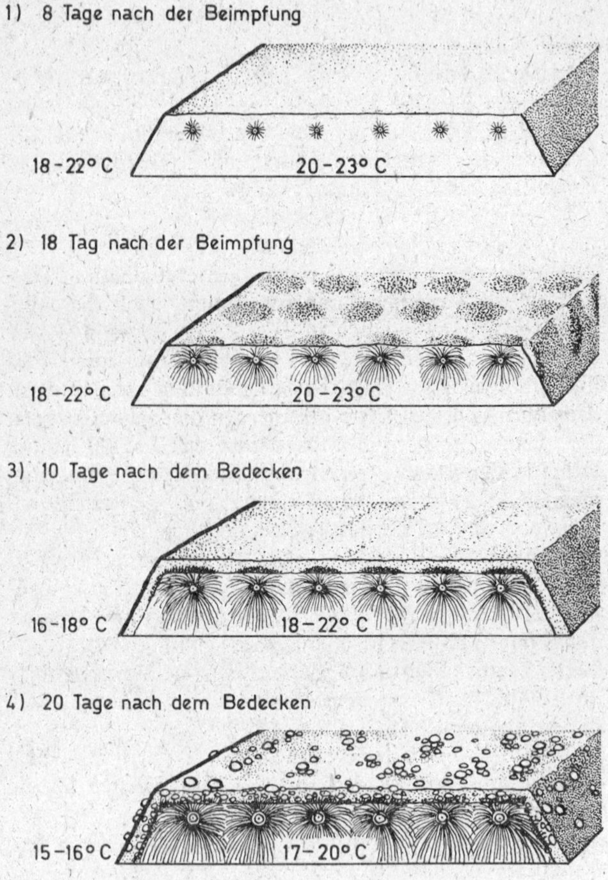

Abb. 16 Schematische Darstellung der Entwicklung des Champignonmyzels mit Angabe der günstigsten Raum- und Beettemperaturen (Querschnitte von Flachbeeten)

hohen Ertrag, der in verhältnismäßig kurzer Zeit anfällt, wenn er möglichst bald nach diesem noch einen weiteren Satz im gleichen Raum anlegen will. Aber zugunsten eines sehr hohen Ertrages wird er gern eine etwas längere Ertragsperiode in Kauf nehmen. Durch ein luftiges, kühles und feuchtes Raumklima wird die Ertragsbildung begünstigt.

Einzelheiten zur Pflege und Klimagestaltung

Betrachten wir nunmehr die Pflegemaßnahmen und die Erfordernisse bezüglich der Gestaltung des Raumklimas, zunächst für die erste Entwicklungsphase.

Maßnahmen während der ersten Phase

Temperaturgestaltung

Neben einer guten Beschaffenheit des Nährsubstrats ist die Klimagestaltung von besonderer Bedeutung. Besonders wichtig ist die Temperaturentwicklung. Es kommt vor allem darauf an, daß die Temperatur in den Beeten während der ersten drei Wochen nach dem Impfen niemals unter 18 °C absinkt. Sie liegt am günstigsten zwischen 22 und 25 °C. Bei Temperaturen unter 18 °C verläuft die Myzelentwicklung nicht nur langsamer, sondern auch die spätere Ertragsbildung kann dadurch beeinträchtigt werden: Der Ertrag ist geringer, und der Beginn der Ertragsbildung wird hinausgeschoben.
Andererseits sollen die Temperaturen im Substrat nicht über 26 bis 28 °C ansteigen. Bei mehr als 30 °C treten Myzelschäden ein.

Wodurch wird die Beettemperatur beeinflußt?

Einen wesentlichen Einfluß hat die *Lufttemperatur* des Anbauraumes, besonders wenn die Beete allseitig von der Raumatmosphäre umgeben sind, z. B. bei der Kultur auf Stellagen oder in Kisten. In diesem Fall wird man bemüht bleiben, die Raumtemperatur bei 20 bis 25 °C zu halten; aber auch bei 17 bis 20 °C ist eine normale Entwicklung durchaus möglich. Gewisse Schwankungen der Raumtemperatur während dieser Phase sind zulässig, weil sie sich nicht unmittelbar auf die Temperaturentwicklung in den Beeten auswirken. Beim Anbau in Gewächshäusern ist dennoch darauf zu achten, daß bei Sonneneinstrahlung die Temperatur des Luftraumes auch vorübergehend nicht über 30 °C ansteigt, weil sich bei so hohen Temperaturen auch die Beete wieder stärker erwärmen können.

Feuchtigkeitsbedingungen

Neben der Temperatur haben auch die Feuchtigkeitsverhältnisse im Raum, an und in den Beeten einen wesentlichen Einfluß auf die weitere Entwicklung des Champignons.

Während der Aufbereitung wird der Feuchtigkeitsgehalt des Substrats auf günstige Werte gebracht. Darauf wurde bereits eingegangen. Während des Anbaus gilt es, den *Feuchtigkeitsgehalt* des Substrats zu *erhalten.* In trockenen und verhältnismäßig warmen Räumen neigen besonders die Außenschichten der Beete dazu, auszutrocknen, vor allem während der kalten Jahreszeit, wenn geheizt werden muß. In unmittelbarer Nähe der Heizkörper, an Lüftungsöffnungen und in der Nähe der Eingänge ist die Austrocknung besonders stark, in Räumen mit hoher relativer Luftfeuchte (95 bis 100%) dagegen nur gering. Durch *wiederholtes Befeuchten* von Fußböden und Wänden kann die Luftfeuchtigkeit erhöht werden. Reicht das allein nicht aus, kann man besonders in der Nähe der Heizkörper, die gut gegen die Beete abzuschirmen sind, das Substrat wiederholt leicht ansprühen. Man muß aber darauf achten, daß das Substrat dabei nicht zu naß wird. Direkt gegossen wird in diesem Stadium noch nicht.

Um das Austrocknen der obersten Substratschicht zu verhindern, werden die Beete im allgemeinen mit Papier, Pappe, Silopapier oder Plastfolie abgedeckt. *Papier* und *Pappe* sind wiederholt zu befeuchten. Bei Verwendung von *Silopapier* oder *Plastfolie* ist in Anbauräumen, in denen die Lufttemperatur mehr oder weniger großen Schwankungen unterliegt, auf möglicherweise eintretende Schwitzwasserbildung unter dem Deckmaterial zu achten. In diesem Zusammenhang ist auch die Verwendung von *perforierter Folie* günstig. Bei Kondensationserscheinungen kann es u. U. nötig sein, die Bedeckung zeitweilig wieder zu entfernen, damit durch das Schwitzwasser keine Vernässung der obersten Substratschicht eintritt. Die grundsätzliche Abdeckung der Beetoberfläche mit den genannten Materialien hat auch eine beschleunigende Wirkung auf die Myzelentwicklung, die durch einen höheren CO_2-Gehalt unter der Abdeckung begründet ist.

Bei Anwendung von Körnerbrut kommt es besonders darauf an, die Austrocknung des Substrats zu verhindern und eine hohe Luftfeuchtigkeit aufrechtzuerhalten, da sonst das Myzel auf den Körnern kaum auswächst und letztere u. U. verschimmeln. Wenn sich etwa zwei Tage nach dem Ausbringen die Körner mit einem kurzen »Pelz« umgeben, ist das ein Zeichen dafür, daß das Myzelwachstum begonnen hat.

Ein vorzeitiges Austrocknen des Substrats kann vom Anbauer durch die erwähnten Gegenmaßnahmen leicht verhindert werden. Viel gefährlicher sind solche Bedingungen, unter denen das Substrat während der Kultur Feuchtigkeit aufnimmt. Dadurch kann das Myzel des Champignons an der weiteren Entwicklung gehindert bzw. sogar zum Absterben gebracht werden. Eine Überfeuchtung des Substrats tritt u. U. durch übermäßig starkes Spritzen oder Gießen ein. Dieser grobe Fehler sollte selbst dem Anfänger nicht unterlaufen.

Eine *Feuchtigkeitsaufnahme* des Substrats kann auch durch die Bildung von Kondensnässe in verhältnismäßig kühlen und feuchten Anbauräumen während der warmen Jahreszeit auftreten. Besonders in Räumen, in denen es während der Sommermonate zur *Bildung von Schwitzwasser* an Wänden, Decken, Eisenteilen und zur Dunstbildung kommt, ist die Gefahr groß. Unter diesen Verhältnissen trocknet das Substrat nicht im geringsten ab, sondern wird von Tag zu Tag feuchter und nimmt allmählich eine feucht-schmierige Beschaffenheit an. Wenn die Beettemperatur dann noch mehr oder weniger unter der Raumtemperatur liegt, ist die Gefahr besonders groß. Der

Raumboden bleibt ständig feucht. Das anfänglich sich noch gut entwickelnde Myzel beginnt zu stocken. Auf der Beetoberfläche erscheinen runde weiße Flecken als Folge der Entwicklung von niederen Konkurrenzpilzen. Unter diesen Umständen kann es sehr schnell zu einer massenhaften Vermehrung von Nematoden kommen, die die Myzelentwicklung zusätzlich negativ beeinträchtigen. Schließlich wird das Substrat dunkel und feucht-klebrig. Um diese Entwicklung zu verhindern, ist es erforderlich, unter derartigen Bedingungen auch im Sommer während der ersten Anbauwochen den Raum aufzuheizen, selbst wenn die Außentemperatur sehr hoch ist. Kommt es zur Bildung von Tropfwasser, z. B. an schlecht gedämmten Dach- und Deckenkonstruktionen während der Wintermonate, sollte man die *Beetoberfläche mit trockenem Papier bedecken*, das von Zeit zu Zeit nach Durchfeuchtung durch neues zu ersetzen ist. Auch eine ständige Luftbewegung im Raum hemmt die schädlichen Auswirkungen.

Kontrollmaßnahmen

Der gewissenhafte Anbauer wird fast täglich die Entwicklung seiner Bestände von Beginn an kontrollieren. Dazu gehört die Temperaturkontrolle, die Kontrolle der Entwicklung der Substratfeuchtigkeit und des Myzelwachstums. Wenn das Champignonmyzel sich von den Brutstellen aus zügig und kräftig entwickelt, das Substrat seine ursprüngliche gute Beschaffenheit im wesentlichen behält, d. h. weder stärker austrocknet noch eine feucht-schmierige Beschaffenheit annimmt, und die Substrattemperatur eindeutig über der mittleren Lufttemperatur liegt, besteht kein Anlaß zu Bedenken.

Maßnahmen während der zweiten Phase

Temperaturgestaltung

In der zweiten Entwicklungsphase, nach dem Bedecken der Beetoberfläche, wird auch die Lufttemperatur zum entscheidenden Faktor, während es vorher im wesentlichen auf die Erhaltung einer günstigen Beettemperatur

ankam. Nach dem Bedecken ist die Lufttemperatur allmählich auf 16 °C zu senken. *Temperaturschwankungen* sind auf ein Minimum *einzuschränken.* Die Differenz zwischen der tiefsten und der höchsten Tagestemperatur sollte 5 °C nicht überschreiten. Vor allem gilt es zu verhindern, daß kurz vor oder bei der Bildung der ersten Fruchtkörperanlagen und in der Folgezeit die Raumtemperatur den Bereich von 16 bis 18 °C überschreitet! In dieser Beziehung können bei Beständen mit beginnender Fruchtkörperbildung zwischen Ende Mai und Ende August bisweilen Schwierigkeiten auftreten.
Für die zweite Entwicklungsphase gilt auch weiterhin die Regel, daß die *Beettemperatur* immer um einige Grade *über der mittleren Raumtemperatur* liegen soll, niemals darunter! Beettemperaturen zwischen 18 und 22 °C während dieser Phase sind jedoch völlig ausreichend.

Feuchtigkeitsbedingungen

Durch Erhalten einer hohen Luftfeuchtigkeit ist das schnelle *Austrocknen der Deckschicht* möglichst *einzuschränken.* In trockenen Räumen sind deshalb Maßnahmen wie das wiederholte Befeuchten des Raumbodens nach wie vor angebracht. Es ist keinesfalls günstig, wenn die Erdschicht so schnell austrocknet, daß man die Beete fast jeden Tag gießen muß. Es ist von jetzt an jedoch erforderlich, die Erdschicht in einem gleichmäßig feuchten Zustand zu erhalten, und das kann nur durch zeitweiliges direktes *Begießen der Beetoberfläche* mit Schlauch und aufgesteckter feindüsiger Brause oder mit der Gießkanne und Brause erreicht werden.
Zur vollständigen Durchfeuchtung der Deckerdeschicht bis zum Ertragsbeginn können im Bedarfsfall zwischen 6 und 12 Liter Wasser je m^2 erforderlich sein. Die tatsächlich benötigte Menge ist jedoch stark von den jeweiligen Bedingungen abhängig. Keinesfalls darf zu viel Wasser auf einmal auf die Beete gebracht werden, d. h., es ist besser, häufiger kleine Wassergaben (bis zu 1 Liter je m^2 bei jeder Bewässerung) auf die Beete zu bringen, als in längeren Zeitabständen größere Mengen Die Erdschicht soll niemals stärker abtrocknen. Sie darf aber auch nicht von

vornherein ständig so naß gehalten werden, daß die Feuchtigkeit aus der Deckerde in das Substrat eindringt und sich hier unmittelbar unter der Deckschicht eine nasse, dunkle Schicht bildet, in die das Champignonmyzel nicht hineinwächst oder in der es wieder abstirbt. Damit man die Beete unmittelbar nach dem Bedecken nicht sofort zu gießen braucht, ist es zweckmäßig, die *Deckerde im feuchten Zustande* auf die Beete zu bringen. Bei entsprechend hoher Luftfeuchtigkeit wird die Erdschicht dann bis zu einer Woche nach dem Bedecken feucht bleiben. Bei sehr starker Austrocknung sollte man die *Erdschicht* für kürzere Zeit (höchstens 1 Woche) *mit Papier bedecken*, das feucht gehalten wird und unter dem auch die Erde feucht bleibt, bis das Champignonmyzel in die Erdschicht hineingewachsen ist. In jedem Fall ist die krümlig-brockige Struktur der Deckerde möglichst lange zu erhalten und eine vorzeitige Verschlämmung der Erde durch unsachgemäßes Gießen zu verhindern. In dieser Beziehung ist natürlich auch die richtige Zusammensetzung der Deckerde wichtig.
Kondensation (Dunst- und Schwitzwasserbildung) in kühlen, übermäßig feuchten Räumen während der warmen Jahreszeit kann sich besonders auch während der zweiten Entwicklungsphase verhängnisvoll auswirken. Unter diesen Umständen bleibt die Deckerde feucht oder naß, das Substrat wird zunehmend feuchter und schmieriger und das darin befindliche Myzel kann wieder absterben. Bei geringer Beettemperatur ist die Gefahr besonders groß. Anbauer, die unter diesen Bedingungen arbeiten müssen, sollten die Beete erst dann mit Erde bedecken, wenn sie fast völlig vom Myzel durchwachsen sind, so daß die zweite Entwicklungsphase möglichst verkürzt wird. In den ersten Tagen nach dem Bedecken wird der Raum durch Heizen noch warmgehalten (bei mindestens 20°C), dann aber das Heizen eingestellt, so daß die Lufttemperatur zurückgehen kann.

Belüftungsmaßnahmen

Während in der ersten Entwicklungsphase zusätzliche Belüftungsmaßnahmen kaum erforderlich sind, muß der Er-

zielung einer frischen Raumluft während der zweiten Entwicklungsphase und später während der Ertragsperiode große Beachtung geschenkt werden. Der Champignon produziert während seiner Entwicklung gasförmige Stoffwechselprodukte, Kohlendioxid u. a., die bei zu starker Anreicherung in der Raumluft die Fruchtkörperbildung beeinträchtigen würden. Eine normale Fruchtkörperbildung setzt deshalb nur ein, wenn im Anbauraum verhältnismäßig frische Luft vorhanden ist. Etwa zwei Wochen nach dem Bedecken setzt im Normalfall die Fruchtkörperbildung ein. Dann bilden sich im Bereich der Deckerdeschicht oder obenauf aus dem Champignonmyzel kleine weiße Knötchen; bisweilen erscheint das Champignonmyzel auch auf der Beetoberfläche. Zu diesem Zeitpunkt muß unbedingt für *frische Luft* im *Anbauraum* gesorgt werden, indem Luftklappen, Fenster, Türen usw., entsprechend den Erfordernissen mehr oder weniger geöffnet werden oder der Ventilator (soweit vorhanden) ständig oder zeitweise eingeschaltet wird und die verbrauchte Luft aus dem Raum absaugt. Sind die heranwachsenden Fruchtkörper fest und gedrungen und von allgemein guter Qualität, ist die Frischluftversorgung ausreichend. Das erforderliche Ausmaß der Be- und Entlüftung ist vom Außenklima, von der Temperatur im Anbauraum, vom Umfang der Anbaufläche und von der Luftreserve im Anbauraum abhängig.
Im Winter, wenn es draußen wesentlich kälter ist als im Anbauraum, führt schon ein geringes *Öffnen der Fenster und Luftklappen* zu einem kräftigen Luftaustausch. Andererseits ist im Sommer infolge der umgekehrten Temperaturverhältnisse der Luftaustausch häufig gehemmt, und der Anbauer muß die Fenster und Luftklappen weit öffnen. Bei Wind entsteht an den Lüftungsöffnungen ein Sog, der den Luftaustausch fördert. Deshalb werden bei windigem Wetter die Luftklappen nur wenig geöffnet. Je wärmer es im Anbauraum ist, um so mehr Frischluft ist erforderlich, denn bei höherer Temperatur erfolgen die Stoffwechselvorgänge und die Bildung der Ausscheidungsstoffe schneller. Ein Anbauraum, der bis zur Decke mit Kisten- oder Stellagenbeeten besetzt ist, muß viel stärker be- und entlüftet werden als ein Raum, in dem

sich nur auf der Bodenfläche Beete befinden. Ein hoher Raum mit einer großen Luftreserve bietet einen größeren Frischluftvorrat als ein niedriger usw.
Wer die Lüftung nur mit Fenstern und Luftklappen auch während der warmen Jahreszeit regulieren will, der achte darauf, daß je m^2 Beetoberfläche ein *freier Luftraum* von mindestens 2 m^3 zur Verfügung steht. Anderenfalls ist der Einbau eines kleinen Ventilators erforderlich. Seine Leistung sollte so bemessen sein, daß er in einer Stunde 10 bis 15 m^3 Luft je m^2 Beetoberfläche fördert. Der Ventilator wird so angebracht, daß er die verbrauchte Luft aus dem Raum absaugt. Eine entsprechend große Zuluftöffnung muß vorhanden sein.
Die Forderung nach ausreichender Be- und Entlüftung des Anbauraumes schließt nicht aus, daß andererseits zu *starke Luftbewegungen* (Zugluft) zu *vermeiden* sind. Sie verursachen in der Regel eine starke Austrocknung, so daß übermäßig häufig gegossen werden muß, die Qualität der Fruchtkörper nicht befriedigt und u. U. der Ertrag gemindert wird. Je höher die Luftfeuchtigkeit ist, desto weniger nachteilig wirkt sich stärkere Luftbewegung aus. Dennoch soll es normalerweise so sein, daß z. B. der Rauch einer Zigarette nur langsam in Richtung der Luftbewegung zieht und nicht schnell zerrissen wird.
Wird vom Anbauer während der zweiten Entwicklungsphase mit der Be- und Entlüftung des Anbauraumes zu spät begonnen, so kann es dazu kommen, daß die Fruchtkörperanlagen sich nicht weiterentwickeln oder sich verformen. Es kann sich auch ein »schwimmendes Myzel« auf der Beetoberfläche bilden, d. i. durch die Deckerde hindurchgewachsenes Champignonmyzel, das sich auf der Erdschicht flächig ausbreitet. Durch ein feucht-warmes Raumklima wird diese Entwicklung gefördert. Hat sich schwimmendes Myzel in starkem Umfang ausgebildet, dann sollte man zuerst die Be- und Entlüftung verstärken, die Deckerdeschicht außerdem stärker befeuchten, die Temperatur auf 12 bis 15 °C reduzieren und gegebenenfalls die Myzelschicht auf der Deckerde noch einmal schwach (0,5 bis 1 cm) mit frischer Deckerde bedecken. Durch diese Maßnahmen wird die Fruchtkörperbildung angeregt.

Bei normaler Entwicklung während der zweiten Entwicklungsphase durchwächst das Champignonmyzel alle restlichen Teile des Substrats. Es ist kräftig als *bläulichweißer Filz* ausgebildet. In seinem Bereich nimmt das Substrat eine hellere Färbung an und strömt einen deutlich wahrnehmbaren angenehmen Pilzduft aus. Das Myzel wächst von der Oberschicht des Substrats in die unterste Schicht der Deckerde ein und geht in ihrem Bereich zur Fruchtkörperbildung über. Bei einer derartigen Entwicklung ist ein guter Ertrag zu erwarten. Eine fädige, *wurzelähnliche Ausbildung des Myzels* ist weniger erwünscht. Sie läßt auf Nährstoffarmut oder sonstige Mängel in der Substratbeschaffenheit schließen.

Weist das Substrat anstelle des angenehmen Pilzgeruches einen *Modergeruch* auf, wird es allmählich dunkel und schmierig und findet sich das Myzel nur noch in einzelnen starken weißen Fäden oder Bruchstücken derselben, so ist mit einem Mißerfolg zu rechnen, verursacht durch mangelhafte Substratbeschaffenheit, Feuchtigkeitsaufnahme durch Kondensationsnässe im Anbauraum, durch aufsteigende Bodenfeuchtigkeit bei Grundbeeten oder durch Schädlingsbefall (Älchen). Letzterer tritt häufig nach einer mangelhaften und ungleichmäßigen Heißvergärung während der Kompostierung des Substrates ein sowie bei Kondensationserscheinungen im Anbauraum.

Ist nur die *oberste Schicht des Substrates dunkel* und naß und das Myzel darin mangelhaft entwickelt, dann haben sich entweder die Kondensationserscheinungen nur auf diese Schicht ausgewirkt, von der Deckerde sind Älchen in die oberste Substratschicht eingedrungen und haben sich hier massenhaft vermehrt, oder das Beet ist zu zeitig von oben her zu naß gehalten worden.

Um Fehler rechtzeitig zu erkennen, ist eine Beobachtung der Vorgänge in und auf den Beeten in Verbindung mit einer Temperatur- und Feuchtigkeitskontrolle auch nach dem Bedecken unbedingt erforderlich!

Maßnahmen während der dritten Phase

Temperaturgestaltung

Während der dritten Entwicklungsphase, der Ertragsperiode, ist die Raumtemperatur von wesentlicher Bedeutung für eine hohe Ertragsleistung und gute Fruchtkörperqualität. Sie sollte durchschnittlich bei etwa 15 bis 16 °C liegen und keine größeren Schwankungen aufweisen. Ein *Temperaturanstieg* auf mehr als 18 bis 20 °C ist unter allen Umständen zu vermeiden. Ein großer Teil der kleinen Fruchtkörperanlagen stirbt sonst vorzeitig ab. Bei Raumtemperaturen über 22 °C nimmt die Erscheinung sehr stark zu. Junge Fruchtkörperanlagen sterben nahezu alle ab. Auch wenn die Temperatur in einer längeren Folgeperiode wieder zurückgeht, bringt ein solch wärmegeschädigter Bestand selten noch einen normalen Ertrag, besonders wenn der Hitzeeinfall in den ersten Wochen der Ertragsperiode erfolgte.

Andererseits wirkt sich ein *vorübergehender Rückgang der Raumtemperatur* unter Werte von 12 bis 15 °C kaum nachteilig auf die Ertragsbildung aus. Die Pilze wachsen zwar nur langsam heran, sind aber groß, gedrungen und fest. Temperaturen von 12 °C sollten jedoch nicht unterschritten und sich wiederholende stärkere Temperaturschwankungen vermieden werden.

Die *Beettemperatur* hat während der Ertragsperiode nur noch zweitrangige Bedeutung. Sie liegt jetzt etwa in Höhe der durchschnittlichen Raumtemperatur, sollte jedoch nicht niedriger sein. Eine Unterkühlung der Beete ist unter allen Umständen zu vermeiden.

Be- und Entlüftung

Während der Ertragsperiode muß für eine *ausreichende Be- und Entlüftung des Anbauraumes* gesorgt werden. Bei mangelhafter Entlüftung werden die Fruchtkörper langstielig und öffnen zu schnell ihre Hüte. Frischluftmangel während der Fruchtkörperbildung führt zur Verdickung der Stielbasis oder des ganzen Stiels, bisweilen in Verbindung mit einer Myzelwucherung am Stielgrund. Die jun-

gen Fruchtkörperanlagen sterben zum Teil vorzeitig ab. Der Ertrag wird gemindert.
Im Sommer können leicht Komplikationen eintreten, wenn die Lüftung des Anbauraumes eine schnelle Erwärmung desselben zur Folge hat. In diesem Falle sollte vor allem in den kühleren *Nacht- und Morgenstunden ausgiebig gelüftet* werden, so daß tagsüber eine gewisse Frischluftreserve vorhanden ist. In leicht gebauten, wenig gedämmten Räumen, die sich rasch erwärmen, sollte man die Anbauzeit niemals so wählen, daß die Ertragsbildung zwischen Ende Mai und Mitte August einsetzt.
An Stellen mit starker Luftbewegung oder auch in der Nähe von Heizkörpern weisen die Champignons rissige und schuppige Hüte auf. An diesen Stellen trocknen die Beete immer besonders schnell und stark aus. Die Erträge sind niedriger im Vergleich zu den günstiger gelegenen Beeten.

Bewässerungsmaßnahmen und Luftfeuchtigkeit

Während der Ertragsperiode muß mehr oder weniger häufig gegossen werden. Durch die Be- und Entlüftung des Anbauraumes tritt eine gewisse Austrocknung ein, die Luftfeuchtigkeit geht zurück. Die Pilze selbst bestehen zu 90% aus Wasser. Mit dem Ertrag werden also dem Substrat erhebliche Feuchtigkeitsmengen entzogen.
Die *Luftfeuchtigkeit* liegt am günstigsten bei 90%. Sie kann auch höher sein, doch wird hierdurch der Ausbreitung pilzlicher Krankheitserscheinungen und bakterieller Fleckbildung auf den Champignons Vorschub geleistet. Unter 80% sollte die Luftfeuchtigkeit auch während der Ertragsperiode nicht betragen, denn dann ist die Austrocknung sehr stark, und die Fruchtkörper weisen eine geringe Qualität auf.
Je nach den Feuchtigkeitsverhältnissen muß mehr oder weniger häufig *gegossen* werden, unter sehr feuchten Bedingungen gegebenenfalls nur einmal wöchentlich, unter trockneren Verhältnissen u. U. täglich, zumindest an den vorzeitig abgetrockneten Stellen. Wenn zu häufig gegossen werden muß, wird die krümlige Struktur der Deckerde bald mehr oder weniger zerstört und die Fruchtkör-

perbildung nicht gerade gefördert. Jedes Gießen führt zu einem Temperaturrückgang. Der Champignon reagiert darauf mit einem größeren Anteil an vorzeitig abgestorbenen kleinen Fruchtkörpern. Auch die Verwendung abgestandenen oder leicht vorgewärmten Wassers zum Gießen ist in dieser Beziehung kaum von besonderem Vorteil. Andererseits muß die *Deckerdeschicht immer gleichmäßig feucht* gehalten werden. Bei stark ausgetrockneter Deckerdeschicht sterben die jungen Fruchtkörperanlagen ebenfalls vorzeitig ab, besonders nachdem die ausgetrocknete Erdschicht wieder stärker gegossen wurde. Bei starker Fruchtkörperbildung muß die Deckerde gut durchfeuchtet sein. Dann ist nicht nur der Ertrag höher, sondern auch die Qualität der Pilze besser: sie sind schwerer und festfleischiger. Das trifft besonders auf die cremefarbenen und braunen Sorten zu.
Als Faustregel gilt: Durch Bewässerungsmaßnahmen müssen je kg Champignons etwa 1 Liter Wasser der Deckerdeschicht zugeführt werden, bei einer starken Ertragswelle – z. B. mit einem Ertrag von 5 kg Champignons je m^2 im Verlauf von einigen Tagen – demzufolge während des Heranwachsens der Fruchtkörper dieser Welle durch mehrmaliges Gießen insgesamt 5 Liter Wasser je m^2. Damit das Wasser nicht durch die Deckerdeschicht hindurch in das Substrat eindringt, ist deshalb eine gleichmäßige Erdschicht nicht unter 4 cm erforderlich. Ferner muß die Deckerde die geforderte hohe Wasserkapazität besitzen. Der Anbauer sollte täglich die Beete kontrollieren. Entdeckt er mehr oder weniger abgetrocknete Stellen, werden diese zwischenzeitlich bewässert, auch wenn andere Teile der Beete noch feucht genug sind. Wenn eine starke Ertragswelle heranwächst, genügt es nicht, die Deckerdeschicht in einem leicht feuchten Zustand zu erhalten, sondern sie muß bis zur Substratoberfläche gut durchfeuchtet sein. Stellt man also fest, daß die vorhandene Feuchtigkeit in der Deckerde für eine gute Fruchtkörperqualität nicht ausreicht, wird noch einmal gegossen, wenn die Mehrzahl der Pilze einen Hutdurchmesser von etwa 1,5 bis 2 cm erreicht hat. Ausreichend Feuchtigkeit in der Deckerde ist beim Heranwachsen einer starken Ertragswelle dann vorhanden, wenn sich beim Zusam-

mendrücken einer Erdprobe zwischen Daumen und Zeigefinger etwas Flüssigkeit herauspressen läßt. Sind die meisten Pilze einer Ertragswelle abgeerntet und die Deckerde mehr oder weniger abgetrocknet, wird die Feuchtigkeit in der Deckerde durch Gießen wieder auf das höchstzulässige Maß gebracht. Sind die Beete dagegen mit jungen Fruchtkörperanlagen einer neuen Ertragswelle übersät, die meisten von ihnen noch kleiner als 1 cm im Durchmesser, wartet man nach Möglichkeit mit dem Gießen, bis die Fruchtkörper noch etwas größer geworden sind. Ist die Deckerde zu diesem Zeitpunkt bereits zu trocknen, muß dennoch gegossen werden, wenn auch mit größter Vorsicht, denn der Wechsel von stärker ausgetrocknetem zu feuchtem Zustand der Deckerde führt selbst bei größeren Pilzen oft zum vorzeitigen Absterben.
Bei jeder *Bewässerung* werden durchschnittlich etwa 0,75 bis 1 Liter Wasser für einen Quadratmeter Beetoberfläche benötigt, manchmal mehr, oft auch weniger, je nach dem Austrocknungsgrad der Deckerde. In schnell austrocknenden Räumen wird auch der Fußboden immer mit befeuchtet. Man achte darauf, daß möglichst lange keine Verschlämmung der Deckerde eintritt und bringe deshalb nicht zu viel Wasser auf einmal auf eine bestimmte Stelle. Beim Gießen von Kisten- oder Stellagenbeeten nimmt man den *Schlauch* mit einer feindüsigen *Brause* und dreht den Wasserhahn nur so weit auf, daß das Wasser zwar gut verteilt wird, aber nicht zu kräftig auf die Beete spritzt. Bei Grundbeeten kann man auch die Gießkanne mit Brause verwenden. *Normales Leitungswasser* ist ohne weiteres geeignet, auch wenn es einen geringen Chlorgehalt hat. Eine Zerstäuberdüse ist zum Gießen nicht zu empfehlen; es besteht die Gefahr, daß zu wenig Wasser auf die Beetoberfläche kommt und dadurch nur die oberste Schicht der Deckerde befeuchtet wird, die untere Erdschicht aber allmählich austrocknet und die Fruchtkörperanlagen in ihr vorzeitig vertrocknen.
Ob man richtig gegossen hat, ist auf folgende Weise zu kontrollieren: Einige Stunden nach dem Gießen nimmt man mit zwei Fingern an einigen Stellen die Deckerde mit etwas Substrat vorsichtig ab. Ist die Erde gut durch-

feuchtet, das Substrat darunter aber hell gefärbt und bis oben hin von feinem Myzel kräftig durchfilzt, wurde richtig gegossen. Bei *wiederholt zu starkem Gießen* findet man unter der nassen Erdschicht eine dunkle, feuchte Substratschicht, in der das Myzel starkfädig wird und allmählich ganz abstirbt. Die Fruchtkörperbildung ist dann u. U. stark gehemmt. Am Ende der Anbauzeit kann sich ein solcher Zustand infolge einer Vielzahl von Bewässerungen im Verlauf einer langanhaltenden Ertragsperiode auch bei normal durchgeführten Pflegemaßnahmen einstellen. Die optimale Dicke der Deckschicht hat in diesem Zusammenhang eine große Bedeutung.
Im Winter muß im allgemeinen wesentlich häufiger gegossen werden als im Sommer, weil das Aufheizen eingedrungener kalter Luft immer wieder zu stärkerer Austrocknung führt. Während der Sommermonate sind Kondensationsschäden bei normaler Ertragsbildung kaum zu befürchten, da mit dem Ertrag den Beeten überschüssige Feuchtigkeit entzogen wird.
Unter Tropfstellen wachsen oft die ersten Pilze. An diesen Stellen läßt der Ertrag aber schnell nach, weil durch das ständige Tropfen sehr schnell eine Überfeuchtung der Beete eintritt und das Myzel bald abstirbt.

Die Ernte

Durch eine reiche Ernte wird der Pilzanbauer für alle aufgewendete Mühe belohnt. Hinzu kommt, daß sich der tägliche Arbeitsaufwand nach dem Bedecken und während der Ernte über einen langen Zeitraum verteilt und die Arbeit leicht ist im Vergleich zu der verhältnismäßig schweren Arbeit bei der Beschaffung des Substrats, der Kompostierung, dem Einräumen des Substrats, dem Anlegen der Beete und später noch einmal beim Bedecken derselben mit Erde.
Mit dem Beginn einer starken Ertragsbildung sind die wesentlichen pflanzenbaulichen Probleme des Champignonanbaus erfolgreich gelöst, und wenn nicht noch eine starke Hitzewelle oder Krankheitsbefall die Bestände heimsucht oder der Anbauer grobe Fehler begeht, ist der Erfolg kaum noch in Frage gestellt.

Einsetzen der Ertragsbildung

In der Zeit vom Bedecken bis zur Ernte des ersten Pilzes muß der Champignonanbauer, besonders derjenige, der den Anbau erstmalig durchführt, ein gewisses Maß an Geduld aufbringen. Er darf sich während dieser Periode nicht zu voreiligen falschen Maßnahmen hinreißen lassen und sollte deshalb strikt die Hinweise im vorangehenden Abschnitt zur Klimagestalttung und zu den Pflegemaßnahmen während der zweiten Entwicklungsphase der Pilze beachten.
Wenn dann die ersten kleinen Pilze aus der Deckerdeschicht herausstoßen, meistens an allen Stellen des Beetes gleichzeitig, sozusagen »über Nacht» und oft büschel-

weise, dann wird bei einem guten Bestand die weitere Ertragsbildung spontan erfolgen. Innerhalb von einer Woche wachsen die kleinen Pilze ziemlich gleichmäßig zu großen Fruchtkörpern heran. Die zahllosen kleinen Fruchtkörper entwickeln sich unter günstigen Bedingungen sämtlich zu großen Pilzen, so daß die Beete kurz vor der Haupternte ein herrliches Bild bieten, das zum Fotografieren herausfordert. Dieser Anblick ist es, der jeden Champignonliebhaber immer wieder begeistert und zeitweilige Rückschläge schnell vergessen läßt. Die Anfangsentwicklung in der Form, wie sie bisher beschrieben wurde, kann zugleich als die günstigste bezeichnet werden.

Bisweilen kommt es vor, daß zuerst das Champignonmyzel auf der Deckerde erscheint und im Bereich desselben die Knötchen-(Fruchtkörper-) Bildung deutlich zu beobachten ist. Auf die Bedingungen, die das Myzel veranlassen, durch die Erdschicht hindurchzuwachsen, wurde bereits eingegangen, auch auf die Gefahren, die mit dieser Erscheinung verbunden sind (»schwimmendes Myzel»). Erfolgt die Bildung der Fruchtkörper auf der Deckerde noch rechtzeitig, besteht jedoch keine Gefahr für die Ertragsbildung.

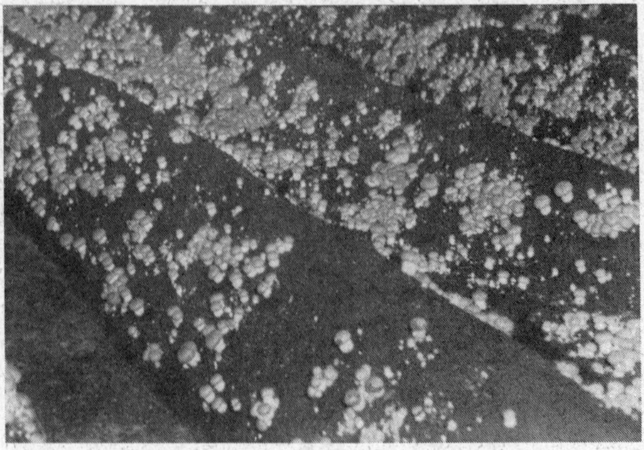

Abb. 17 Hügelbeete in vollem Ertrag

In anderen Fällen entwickeln sich große einzelne Fruchtkörper, die aus der Tiefe des Beetes an die Oberfläche vorstoßen, eine Erscheinung, die darauf schließen läßt, daß das Myzel überhaupt keine Gelegenheit fand, etwas in die Deckerdeschicht einzuwachsen. Ursachen können zu spätes Abdecken sein, ferner das Vorhandensein von Hemmstoffen (Formalin) in der Deckerde, eine wenig geeignete Beschaffenheit derselben (zu sandig), zu starkes Bedecken (mehr als 5 cm), zu niedrige Temperatur, extreme Feuchtigkeitsverhältnisse (zu trocken oder zu naß) und zu zeitige und zu starke Lüftung während der Periode nach dem Bedecken. Der spätere Ertragsanfall kann unter diesen Umständen zu wünschen übriglassen. Es besteht aber auch dic Möglichkeit, daß sich die Ertragsbildung normalisiert.

Wann und wie wird geerntet?

Man läßt die Fruchtkörper ziemlich groß werden. Nach den Qualitätsbestimmungen des Handels sollten sie geerntet werden, wenn der Schleier, der Hutrand und Stil verbindet, noch geschlossen ist oder sich bereits löst und der Hut sich zu öffnen beginnt.

Dem Kleinanbauer bleibt es überlassen, ob er »seine« Pilze noch im geschlossenen Zustand pflückt oder weiter ausreifen läßt. In völlig *ausgereiftem Zustand* sollen die Pilze würziger schmecken. Auch der Gesamtertrag ist dann höher. Man muß aber beachten, daß bei geöffneten Pilzen die Lamellen sehr leicht verschmutzen. In der Zeit nach dem Öffnen der Pilze bis zur Ernte sollte deshalb nach Möglichkeit nicht mehr gegossen werden. Der Stielgrund mit anhaftender Erde wird sofort nach dem Pflükken abgeschnitten, und die offenen Pilze werden im Erntegefäß einzeln nebeneinander, nicht übereinander gelegt. Diese besonderen Maßnahmen erübrigen sich, wenn man die Pilze im noch geschlossenen Zustand erntet.

Die *Pilze werden* aus dem Beet *herausgedreht* (nicht geschnitten). Wachsen sie büschelweise und sind noch nicht alle Pilze der Gruppe erntereif, dann hält man mit

der Linken diese fest und bricht mit der Rechten die reifen Fruchtkörper einen nach dem anderen vorsichtig aus der Gruppe heraus.
Abgeputzte Teile, kranke und abgestorbene Pilze läßt man nicht auf den Beeten liegen, sondern sammelt sie sorgfältig in einen kleinen Eimer, der nach jeder Ernte entleert und dessen Inhalt sorfältig *vernichtet* wird.

Der wellenartige Ablauf der Ernte

Der Ertrag fällt wellenartig an. Es gibt also Tage, an denen die Beete reich besetzt sind mit erntefähigen oder fast erntefähigen Pilzen. Wenn die Mehrzahl derselben abgeerntet wurde, sehen die Beete verhältnismäßig leer aus. Nach wenigen Tagen zeigen sich aber überall wieder kleine, zunächst erst stecknadelkopfgroße neue Pilzköpfchen, die dann im Verlauf von etwa einer Woche zu einer neuen Ertragswelle heranwachsen. Bei einem guten Bestand ist mit 5 bis 8 solcher Ertragswellen zu rechnen. Die ersten drei bis vier Wellen sind die ergiebigsten, dann läßt die Ertragsbildung allmählich nach. An jeweils drei Tagen ist der Ertragsanfall groß, an den folgenden vier

Abb. 18 Eine Ertragswelle beim Anbau in Kisten

Tagen nur gering. Danach nimmt er wieder zu. Dennoch gibt es fast an jedem Tag etwas zu ernten, besonders während der ersten drei Erntewochen. Natürlich kann sich der Ernteablauf in dem einen oder anderen Fall etwas verschieben; das hängt von den jeweiligen Klimaverhältnissen ab.

Im allgemeinen kann man feststellen, daß die *ersten Pilze am größten* und schwersten sind, d. h., sie werden verhältnismäßig groß, bevor sie sich öffnen. Durchschnittsgewichte von 15 bis 30 g sind dann keine Seltenheit. Einzelne Champignons können bis 100 g wiegen oder sogar noch mehr.

Dann wächst die *Masse der Fruchtkörper* heran. Die Beete stehen voll von ihnen, aber die einzelnen Pilze werden nicht mehr so groß und schwer und öffnen sich schneller. Das Durchschnittsgewicht liegt bei 5 bis 10 g je Pilz.

Am Ende der Ertragsperiode wachsen die Pilze wieder einzeln und werden dann wieder größer und schwerer.

Auch das *Raumklima* hat einen wesentlichen Einfluß auf die Pilzqualität. Große, schwere und feste Champignons wachsen in einem kühlen und feuchten Klima heran, vorausgesetzt, daß der Anbauraum ausreichend entlüftet werden kann.

Abb. 19 Stellagenbeet

Abb. 20 Dach- und Wandbeete im Ertrag

Über das Sauberhalten der Ertragsfläche

Einige Zeit nach Erntebeginn wird die Oberfläche der Beete oft recht unansehnlich. Die Deckerde ist mehr oder weniger verfilzt, durchsetzt mit vielen Myzelresten, oft fest miteinander verwachsen, und an ihnen zahllose braune, abgestorbene Fruchtkörper oder Reste derselben. Der Anbauer sollte sich in diesem Fall die Arbeit machen, die Beetoberfläche von Zeit zu Zeit gründlich zu säubern. Bei dieser Arbeit entstehen oft Löcher in der Erdschicht, und an einigen Stellen wird vielleicht sogar das Substrat freigelegt. Diese Stellen werden dann sofort wieder mit frischer Deckerde überzogen.

Vorzeitiges Absterben junger Fruchtkörper

Der noch unerfahrene Anbauer stellt oft mit Sorge fest, daß ein Teil der jungen Fruchtkörperanlagen vorzeitig braun wird und nicht mehr weiterwächst. Oft glaubt er dann, es mit einem Krankheitsbefall zu tun zu haben. Das vorzeitige Absterben junger Fruchtkörperanlagen in kleinerem Umfang ist eine normale Erscheinung und nimmt im weiteren Verlauf der Ertragsperiode immer mehr zu. Die ersten Pilze müssen jedoch alle gesund heranwachsen. Nimmt das vorzeitige Absterben überhand, so daß mehr als ein Drittel oder die Hälfte der neugebildeten Fruchtkörper vorzeitig abstirbt, dann können folgende Ursachen vorliegen, was im Einzelfall untersucht werden muß: schlechtes Substrat, zu hohe Temperatur bei Beginn der Ertragsbildung oder während der Ernte, mangelhafte Belüftung, ungeeignete Deckerde, vergossene Oberschicht des Subtrats, Gießen nach starker Austrocknung der Deckerde usw.

Zur Behandlung des Erntegutes

Frische Champignons sind nicht lagerfähig. Sie sollten sofort zubereitet und verzehrt werden, spätestens am zweiten Tag nach der Ernte. Wenn eine kurzfristige Lagerung notwendig ist, dann legt man die Pilze möglichst in den Kühlschrank und hält sie darin bei wenigen Graden über Null; gefrieren dürfen sie nicht! Sie dürfen nicht befeuchtet werden und auch nicht in zu hohen Schichten übereinander liegen.
Die Abgabe frischer Champignons an andere Bedarfsträger erfolgt unmittelbar nach der Ernte in Spankörben, Papiertüten oder perforierten Plastebeuteln, die nur einschichtig verpackt sein sollten, so daß das Erntegut nicht gedrückt wird. In diesem Zusammenhang wird auch auf die entsprechenden Hinweise am Schluß des Abschnittes über den Anbau des Schopftintlings verwiesen.
Es gibt zahllose gute Rezepte für delikate Gerichte mit Champignons. Sie lassen sich naß konservieren, aber auch trocknen. Entsprechende Hinweise sind der einschlägigen Kochliteratur zu entnehmen.

Mit welchem Ertrag kann der Pilzanbauer rechnen?

Bei einer mittelguten Ernte unter den Bedingungen des Klein- und Liebhaberanbaues sind bei einer Substratschichtdicke von 20 cm 6 bis 10 kg je m^2 Beetfläche zu erwarten. Beim Anbau in Kisten mit einer Substratschichtdicke von 12 bis 15 cm liegt der Ertrag bei 5 bis 8 kg. Unter besonders günstigen klimatischen Bedingungen, bei ausgezeichneter Substratbeschaffenheit und gut gelungener Nachgärung sind von einem 20 cm hohen Beet etwa 7 bis 9 kg je m^2 Beetfläche zu erwarten. Höhere Erträge haben die Anbauer, die erfolgreich die Substrataufbereitung in zwei Phasen (Kompostierung und Pasteurisierung/Konditionierung) durchführen und die Mischimpfung bei einem Substrateinsatz von 80 bis 100 kg je m^2 Beetfläche anwenden. Sie erreichen Erträge zwischen 16 und 24 kg/m^2.

Krankheiten und Schädlinge

Wie die meisten Kulturpflanzen, so hat auch der Champignon Feinde in der Pflanzen- und Tierwelt. Es hieße den Rahmen dieser kleinen Schrift sprengen, wenn alle diesbezüglichen Fragen hier erörtert würden. Beschränken wir uns also auf einen kurzen Überblick und auf die Maßnahmen, die der Champignonanbauer in bezug auf einen vorbeugenden Schutz gegen Krankheiten und Schädlinge durchführen muß.

Tierische Schaderreger

Einige Arten tierischer Schädlinge können sich in unseren Beständen unangenehm bemerkbar machen. Mäuse wühlen in den Beeten herum und zernagen die Körnerbrut. Schnecken fressen die Pilze an. Auf den Beeten und den Fruchtkörpern findet man häufig punktgroße Spinnentiere, die Milben. Mitunter treten sie in Massen auf. Das trifft auch für die etwas größeren, rotgrauen, in der Wärme oft sehr munteren Springschwänze zu.
Die häufigsten Schädlinge in der Zeit von Mai bis November sind bestimmte *Fliegen- und Mückenarten,* vor allem die Buckelfliegen. Wenn die kleinen weiblichen Fliegen ihre Eier am Substrat abgelegt haben, schlüpfen aus ihnen die Maden. Sie findet man im Substrat, besonders an vom Myzel durchwachsenen Stellen, wo sie Schaden anrichten und von wo aus sie Gänge in die Fruchtkörper bohren und diese dadurch wertlos machen. Später finden wir überall die gelblich-weißen Puppen im Substrat, aus denen wieder Fliegen hervorgehen, welche Eier legen usw. Wenn der Anbauer nichts unternimmt, laufen die

Fliegen oft massenweise auf den Beeten herum, fliegen um die Lampen und werden auch dem Menschen lästig.
Die gefährlichsten Schädlinge können wir aber mit bloßem Auge nicht erkennen. Es sind mikroskopisch dünne, durchsichtige Fadenwürmer, die *Älchen* oder Nematoden. Sie leben im Substrat, und wenn sie in Massen auftreten, dann zerstören sie das Myzel, besonders die parasitisch lebenden Arten, die schon in verhältnismäßig kleiner Anzahl großen Schaden anrichten können.

Pflanzliche Schaderreger

Auch unter den Pflanzen finden wir eine ganze Anzahl von Konkurrenten und Feinden des Champignons. In der Regel sind es Pilze wie der Champignon selbst, aber auf einer niedrigeren Entwicklungstufe stehend, die sich neben ihm entwickeln und ihn mehr oder weniger hemmen und stören. Es gibt aber auch Arten, die direkt auf dem Champignon bzw. dessen Fruchtkörper schmarotzen. Von den Konkurrenten sei hier besonders der *weiße und braune Kalkschimmel* erwähnt. Beide erscheinen meist vor dem Abdecken auf der Beetoberfläche in Form runder bis unregelmäßig großer weißer Flecke, als hätte man die Beete an diesen Stellen mit Kalk bestreut. Wenn nach einiger

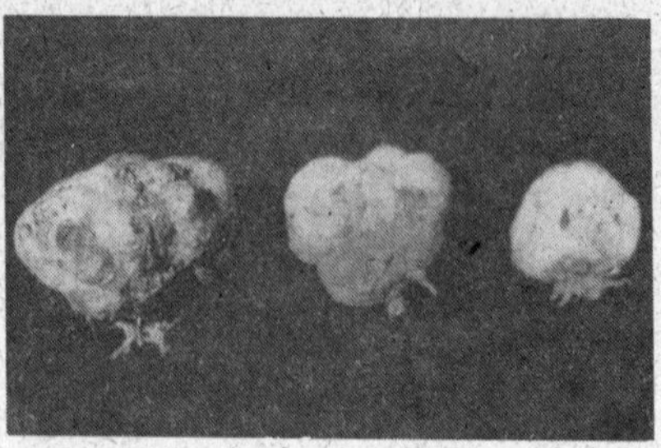

Abb. 21 Völlig verformte Fruchtkörper als Folge eines Krankheitsbefalls. Die kranken Fruchtkörper sind restlos und so schnell wie möglich abzulesen und zu vernichten

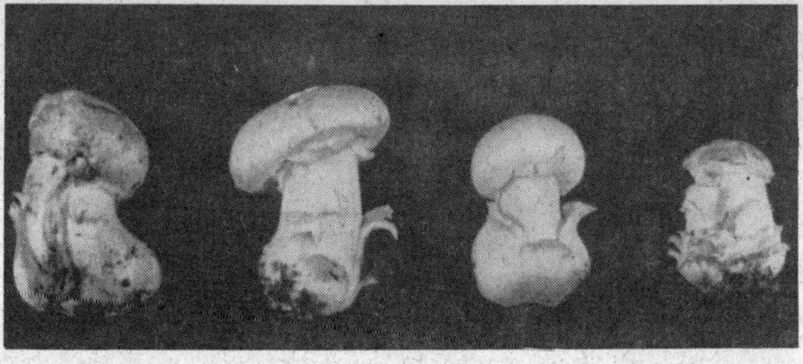

Abb. 22 Infizierte Fruchtkörper. Bei Achtlosigkeit besteht die Gefahr der Krankheitsverbreitung in starkem Maße

Zeit diese Flecke von der Mitte aus braun werden, handelt es sich um den braunen Kalkschimmel. Er ist weniger gefährlich. Wenn die Flecken hell bleiben bzw. sich nur leicht rosa färben, haben wir es mit dem weißen Kalkschimmel zu tun. Er kann den Champignon in seiner Entwicklung stark hemmen, wenn er verbreitet auftritt und sich besonders auch im Inneren der Beete entwickelt. Das Auftreten dieses Konkurrenzpilzes läßt darauf schließen, daß ungeeigneter Stalldung (Grün- und Naßfutter!) verwendet wurde, die Aufbereitung mangelhaft war bzw. während des Anbaus Kondensationserscheinungen auftraten.
Von den höherentwickelten Pilzarten treten häufig die *Tintenpilze (Coprinus*-Arten) als Konkurrenten in Champignonbeständen auf, meistens jedoch nur dann, wenn das Substrat zu feucht geraten ist. Kurze Zeit nach dem Bedecken schieben sich die schuppigen Fruchtkörper mit schmalen, langgestreckten Hüten in großen Gruppen aus den Beeten heraus. Der Anfänger könnte glauben, die ersten Champignons vor sich zu haben. Doch rasch entpuppen sich die Fruchtkörper als Unkrautpilze. Sie zergehen schnell und hinterlassen dunkle Flecken auf der Deckerde. Das Auftreten dieser Unkrautpilze ist nicht unbedingt mit einem Mißerfolg beim Champignonanbau verbunden.
Nach dem Anlegen der Beete erscheint häufig, besonders bei hoher Luftfeuchtigkeit, ein wattiger Schimmel auf ih-

rer Oberfläche, der jedoch schnell wieder verschwindet und sich nicht nachteilig auswirkt.
Ein Befall durch *parasitische Pilze (Mycogóne-, Verticillium-, Dactýlium*-Arten*)* während der Ertragsperiode hat Fleckenbildung, Verformung und Fäulnis der Champignonfruchtkörper zur Folge. Sie haben dann verdickte Stiele und unsymmetrische Hüte. Diese sind oft nur einseitig oder völlig verkümmert ausgebildet. Das Stielgewebe ist aufgerissen und schält sich ab. Die Pilze faulen und schrumpfen. Oft findet man unmittelbar unter der Deckerde große Klumpen verformter und verfilzter Fruchtkörper, die unter Ausscheidung einer stinkenden, hellbraunen Flüssigkeit schnell in Fäulnis übergehen. Es handelt sich hierbei um Infektionskrankeiten, die sich rasch ausbreiten können, wenn der Anbauer nichts unternimmt.
Durch *bakterielle Fleckenkrankheiten*, die besonders bei hoher Luftfeuchtigkeit und zu langsamen Abtrocknen der Pilze nach dem Gießen auftreten, wird die Qualität der Fruchtkörper wesentlich beeinträchtigt. Eine weitere durch Bakterien verursachte Krankheit, die Mumienkrankheit, führt zu einer Mißgestaltung und Mumifizierung der Fruchtkörper und breitet sich vom Infektionsherd kreisförmig nach allen Seiten schnell aus.
In den letzten Jahren haben *Viruskrankheiten* des Champignons Praktiker und Wissenschaftler sehr beschäftigt. Sie sind infektiös, werden durch erkranktes Myzel oder durch kranke Sporen des Champignons übertragen, führen zu einer Hemmung der Myzelentwicklung und zu einem mehr oder weniger starken Ertragsrückgang mit zahlreichen Abweichungen vom normalen Erscheinungsbild der Fruchtkörper.

Vorbeugende Maßnahmen

Welche Maßnahmen sind erforderlich, um dem Auftreten und der Verbreitung von Schädlingen und Krankheiten allgemein entgegenzuwirken?
In erster Linie kommt es darauf an, dem Champignon durch Verwendung eines guten Nährsubtrates, einer guten Deckerde und durch richtige und zur rechten Zeit durchgeführte Pflegemaßnahmen so günstige Entwick-

lungsmöglichkeiten zu bieten, daß er sich gegnüber Konkurrenten und Schädlingen schnell durchsetzen kann und letzteren wenig Raum und Zeit zur Verbreitung bleibt.

Schädlinge und Keime von Krankheitserregern werden mit dem verwendeten Material, mit dem Schuhwerk, der Kleidung und den Händen in die Bestände hineingeschleppt und weiterverbreitet. Deshalb ist auf größte Sauberkeit zu achten!

Nach Beendigung des Anbaus werden der *Anbauraum, Ausrüstungsgegenstände* und *Werkzeuge* gründlich *gereinigt* und *desinfiziert.* Dazu besorgt man sich Kaliumpermanganat und Formalin vom Chemiehandel. Der Raum wird gut abgedichtet, auf den Fußboden eine alte Schüssel gestellt, in diese etwas Kaliumpermanganat geschüttet und darauf das unverdünnte *Formalin.* Danach verlassen wir den Raum und schließen ihn ab. Nach wenigen Sekunden wirkt das Kaliumpermanganat heftig auf das Formalin ein, wodurch Formaldehyd, ein giftiges Gas, frei wird, sofort verdampft und eine desinfizierende Wirkung ausübt. Für 100 m^3 Luftraum benötigt man mindestens 2 Liter Formalin und 200 bis 300 g Kaliumpermanganat. Der Anbauraum wird bei dieser Behandlung warm gehalten (mindestens 16 °C). 24 Stunden bleibt der Raum geschlossen, danach wird er reichlich entlüftet, bis kein Formalingeruch mehr wahrnehmbar ist.

Formalin ist ein Atemgift, das auch für den Menschen gefährlich werden kann. Es ist darauf zu achten, daß Unbefugte, vor allem Kinder, nicht an das Formalin heran können, behandelte Räume nicht betreten werden und daß das Formalin nicht in bewohnte Räume eindringt. Auch durch *Ausschwefeln* kann man den Anbauraum desinfizieren, wobei ebenfalls größte Vorsicht geboten ist. Mindestens einmal im Jahr sollten Wände, Decke und Fußboden geweißt werden. Kisten, Stellagen, Werkzeuge stellt man nach gründlicher Reinigung in den zu desinfizierenden Raum hinein, so daß das desinfizierende Gas auch auf sie einwirken kann. Vorher wird der Fußboden des Anbauraumes gründlich gesäubert, Stein- oder Betonboden gescheuert, Erdboden mit einer Formalinlösung begossen. In einen ausreichend großen Bottich mit Desinfektionslösung (z. B. Meleusol, Wofasept u. a.) können Werkzeuge usw. eingetaucht und dadurch desinfiziert werden.

Zur Desinfektion von Erdfußböden benötigt man für 10 m^2 1,5 Liter unverdünntes Formalin, das je nach dem Feuchtigkeitsgehalt des Bodens mehr oder weniger mit Wasser verdünnt ausgegossen wird. Bei dieser Arbeit ist eine Atemschutzmaske mit Filter A zu tragen. Auch den Kompostierungsplatz können wir auf diese Art desinfizieren.

Muß angenommen werden, daß die *Deckerde* Krankheitskeime enthält, wird sie ebenfalls mit Formalin *desinfiziert.* Man benötigt für je einen Kubikmeter Erde 3 Liter Formalin. Diese werden je nach dem Feuchtigkeitsgehalt der Deckerde mehr oder weniger mit Wasser verdünnt. Man schaufelt die Erde um und besprengt dabei die einzelnen Schichten gleichmäßig mit der Lösung. Dabei darf die Erde nicht verschlämmen. Die so behandelte Erde wird nun bei mindestens 16 °C etwa drei Wochen gelagert. Nach dieser Zeit ist das Formaldehyd-Gas in der Regel soweit verdunstet, daß kein Formalingeruch mehr spürbar ist. Von diesem Zeitpunkt an kann die Erde sofort verwendet werden. Wird die Erde mit Torf gemischt, gießt man die gesamte für die Mischung benötigte Formalinlösung auf den Torf und mischt diesen sofort danach mit der übrigen Erde.

Gegen das Auftreten von *Fliegen* und *Mücken*, *Springschwänzen* und anderen Schädlingen während des Anbaues verfährt man wie folgt: Unmittelbar nach dem Anlegen der Beete und dem Einbringen der Brut werden die Beete leicht mit einem Lindan-Präparat, z. B. Arbitex-Staub oder bercema-Ruscalin, bestäubt. Während der Ertragsperiode und innerhalb der drei vorangehenden Wochen darf man diese Mittel nicht mehr anwenden. In geschlossenen Räumen ist dann nur noch die Anwendung von Mutox-Streifen (1 Streifen/30 m^3) oder von Delicia-Milon-Aerosol möglich, das mit einer Spritzpistole ausgebracht werden muß (1 ml/m^3 Luftraum).

Treten während der Ernte *verformte*, mit einem schimmligen Belag überzogene oder *faulende Fruchtkörper* auf, werden diese täglich sorgfältig und radikal abgelesen und sicher vernichtet, damit die Krankheiten durch Bildung von Sporen an den erkrankten Fruchtkörpern und Verbreitung derselben möglichst nicht verschleppt werden. Vor allem Fruchtkörper mit krankhaft verdicktem Stiel bei gleichzeitig verkümmerter Ausbildung des Hutes sind immer infektionsverdächtig und sollten sofort entfernt werden.

Zukünftig wird man Deckerde einer Herkunft, die vermutlich mit Krankheitskeimen verseucht ist, nicht mehr verwenden oder vor dem Aufbringen desinfizieren.

Gegen *pilzliche Infektionskrankheiten* hilft die vorbeugende Anwendung von Chinoin-Fundazol 50 WP, das nach dem Aufbringen der Deckerde in einer Aufwandmenge von 1 bis 2 g/m^2 Beetfläche in 0,5 bis 1 Liter Wasser je m^2 im Gießverfahren ausgebracht wird.

Der *Verdacht*, daß die Beete von *Nematoden* verseucht sind, besteht zu Recht, wenn anfänglich gut entwickeltes Myzel plötzlich ohne sonstige erkennbare Ursache abstirbt, der Dünger dabei schwarz und schmierig wird und einen intensiven Geruch annimmt.

Die Bekämpfung von Älchen während des Anbaus ist unmöglich. Vorsichtsmaßnahmen gegen ihre Weiterverbreitung sind jedoch unbedingt am Platze. Dazu gehört auch das Auslegen einer Seuchenmatte am Eingang des Anbauraumes. Formalin wirkt gegen Nematoden ungenügend.

Die vorbeugende Bekämpfung von Nematoden ist im wesentlichen an die thermische Behandlung der Substrate im Pasteurisierungsprozeß und eine Dämpfung bzw. Pasteurisierung der Deckerde, ebenfalls mit Hilfe von Dampf, gebunden. Es gibt auch wirksame chemische Präparate gegen Nematoden zur vorbeugenden Behandlung von Erde, z. B. das Bodendesinfektionsmittel Dicid. In besonderen Fällen lasse man sich von den Mitarbeitern des Pflanzenschutzdienstes beraten. In jedem Fall achte man auf eine gute Heißvergärung des Nährsubstrates und vermeide die Anwendung humusreicher Erde aus oberen Bodenschichten für die Zusammenstellung der Deckerde.

Die Frage, ob mit der *Verwendung des abgetragenen Nährsubstrats* als Humusdünger im eigenen Garten nicht in besonderem Maße die Gefahr besteht, vorhandene Krankheiten des Kulturchampignons weiterzuverbreiten, muß mit »Ja« beantwortet werden. Im Großanbau ist es durchaus angebracht, das nach Beendigung des Anbaus ausgeräumte Substrat einschließlich der Deckerde so schnell wie möglich aus dem Betrieb zu entfernen und es keinesfalls in seiner Nähe als Dünger zu verwenden. Im Kleinanbau sieht die Angelegenheit etwas anders aus. Die besondere Eignung des Champignonsubstrats zur Gewinnung eines guten Kompostes, zur organischen Kopfdüngung in Erdbeerbeeten, zwischen Beerensträuchern, für anspruchsvolle Gemüsearten bieten dem Champignonanbauer, der zugleich über einen Garten verfügt, in der weiteren Verwendung des Substrats einen besonderen Vorteil. In diesem Fall sind die Bedenken dann auch nicht allzu groß, vorausgesetzt, daß während des Champignonanbaus nicht gefährliche Infektionskrankheiten aufgetreten sind.

In diesem Fall sollte man die abgetragenen Beete vor dem Ausräumen unter Beachtung der Sicherheitsvorschriften reichlich mit Formalinlösung begießen.

Der Anbau des Kulturträuschlings

Einführung

In zunehmendem Umfang werden in internationalem Maßstab neben dem Champignon auch andere Speisepilze angebaut. Die dafür genutzten Arten sind besonders für den individuellen Freizeitanbau von Speisepilzen geeignet.
Seit vielen Jahren wird in der DDR in diesem Rahmen der Riesenträuschling *(Stropharia rugoso-annulata)* angebaut. Dieser Speisepilz wird in der freien Natur vorwiegend an Mietenplätzen und auf Feldern angetroffen. Diese Pilzart, die in ihrem äußeren Erscheinungsbild sehr variabel ist, entwickelt ein weißes, dem des Champignons ähnliches Pilzgeflecht. Es bildet später auf der Oberfläche des strohhaltigen, mit Deckerde überzogenen Nährsubstrats Fruchtkörper mit gelblich-weißem kräftigem Stiel und oberseits gelb oder gelbbraun bis dunkelrotbraun gefärbtem Hut mit graublauen Lamellen auf dessen Unterseite. Diese Fruchtkörper entwickeln sich meist einzeln, können jedoch eine beachtliche Größe aufweisen und haben ein festes Fleisch, insbesondere die dunkleren Varianten. Fruchtkörper mit einem Hutdurchmesser über 25 cm und einer Masse bis 1 kg sind beim Anbau schon häufiger aufgetreten. Dieser Speisepilz ist zwar sowohl hinsichtlich seiner Inhaltsstoffe als auch seines Aromas und Geschmacks nicht als so wertvoll wie der Kulturchampignon einzuschätzen, ergibt jedoch gebraten und gut gewürzt ein sehr schmackhaftes Gericht.
In der DDR sind z. Z. zwei Sorten zugelassen: 'Winnetou' mit braunem und 'Gelbschopf' mit gelbem Hut.

Abb. 23 Kulturträuschling

Die besonderen Vorzüge des Träuschlingsanbaus bestehen darin, daß dieser Pilz vorwiegend für den Anbau unter geschützten Freilandbedingungen geeignet ist, keine besonderen Kenntnisse und Erfahrungen vorausgesetzt werden und wenig Aufwand an Material und Arbeitsstunden erforderlich ist. Der Anbau ist äußerst einfach und unkompliziert und damit für den Liebhaberanbau besonders geeignet.
Andererseits bietet der Träuschlingsanbau bezüglich der Ertragshöhe nicht die Sicherheit wie der Champignonanbau – normale Anbaubedingungen vorausgesetzt.
Die Erträge beim Träuschlingsanbau schwanken zwischen 1,5 bis 10 kg/m^2 Anbaufläche; in nicht wenigen Fällen wurden bis über 15 kg/m^2 geerntet. Nicht immer können die Ursachen für die großen Ertragsunterschiede festgestellt werden. Es kommt hinzu, daß der Träuschlingsanbau auch unter geschützten Anbaubedingungen viel stärker den Umwelteinflüssen ausgesetzt ist als die Champignonbestände, die in der Regel im geschlossenen Raum angelegt werden. Zu diesen negativen Umwelteinflüssen gehören Perioden mit Außentemperaturen unter 15 oder über 30°C in der Anwachsphase, Hitzeperioden

während der Ertragsphase, übermäßig feuchte oder stark wechselnde Witterung, die zu verstärkten Kondensationserscheinungen führt usw., Bedingungen also, die das Wachstum von Konkurrenzpilzarten des Träuschlings, deren Sporen überall im Stroh vorhanden sind, begünstigen, die Entwicklung des eigentlichen Kulturpilzes jedoch hemmen. Unter normalen Anbauverhältnissen können jedoch etwa 3 kg Pilze je m^2 Anbaufläche erwartet werden.

Allgemeine Hinweise und Standortfragen

Im Gegensatz zum Champignonanbau wird der Träuschlingsanbau unter einfachen Bedingungen am lohnendsten sein. Es kann niemandem empfohlen werden, den Träuschlingsanbau in geschlossenen Räumen, unter Umständen mit einem größeren Aufwand an Heizung, Belüftung usw., durchzuführen. Wer in dieser Beziehung über gute Möglichkeiten verfügt, sollte sich für Champignons entscheiden, deren Anbau bei einem hohen Aufwand in Verbindung mit guten Fachkenntnissen auch zu dement-

Abb. 24 Anbau des Kulturträuschlings unter geschützten Bedingungen (Frühbeetkasten)

sprechenden Ergebnissen führt. Was beim Champignonanbau die Ausnahme ist, nämlich der Anbau *im Freien* unter *frühbeetähnlichen Bedingungen*, sollte beim Träuschling die Regel sein!
Der Träuschlingsanbau wird nur *einmal im Jahr* durchgeführt. Als Standort dient dafür entweder ein Frühbeetkasten oder eine geschützte warme Stelle im Garten, wobei sich Plätze an sonnenbeschienenen Mauern oder Gebäudefronten besonders bewährt haben. Dessenungeachtet muß die Anlage selbst *vor direkter Sonnenbestrahlung geschützt* werden, weil diese zu einer schnellen Austrocknung der Beete und zur Verminderung der Fruchtkörperqualität führen würde. Sofern keine natürliche Beschattung des Standortes gegeben ist, wird durch *zusätzliche Beschattung* diese Forderung erfüllt werden können. Zu diesem Zweck werden auf die Frühbeetfenster, unter denen sich das Träuschlingsbeet befindet, Bretter oder Strohdecken gelegt. Ähnlich verfährt man, wenn in Ermangelung eines Frühbeetkastens der Anbau unter einem Holzrahmengestell durchgeführt wird, das dann ebenfalls zur Beschattung mit Platten, Brettern, Strohdekken u. a. bedeckt wird.
Des weiteren ist dafür Sorge zu tragen, daß der Bestand zwar *gleichmäßig feucht* gehalten wird, aber nach starken Niederschlägen nicht von unten oder oben überfeuchtet wird. Wenn man den Anbau im Frühbeetkasten oder unter einem Rahmengestell durchführt und das Beet in der beschriebenen Weise bedeckt, ist dieser Forderung leicht zu entsprechen. Aus dem gleichen Grunde darf das Beet niemals tiefer als das umliegende Terrain liegen.
Zur Bedeckung von *Freilandbeeten* zum Schutz gegen Niederschläge haben sich *Plastfolien* am besten bewährt. Da aber dieses Material strahlungsdurchlässig ist und bei starker Sonneneinstrahlung darunter hohe Temperaturen auftreten können, ist es erforderlich, über die Folien noch Strohdecken oder ähnliches schattierendes Material zu legen.
Natürlich muß eine unmittelbar dem Beet aufliegende Bedeckung während der Zeit der Fruchtkörperentwicklung entfernt werden, und das Beet ist nun gänzlich den Außenbedingungen ausgesetzt. Inwieweit dies nachteilig

wirkt, hängt vorwiegend von den Witterungsbedingungen ab. Zur weitgehenden Ausschaltung ungünstiger Einflüsse ist eben der *Anbau im Frühbeetkasten oder unter einem Rahmengestell* zweifellos am günstigsten und sichersten. Mit dem Erscheinen der Fruchtkörper muß ein ausreichender *Abstand zwischen der Beetoberfläche* und der darüber befindlichen *Bedeckung* (Fenster, Platten usw.) – etwa 20 cm – vorhanden sein.
Da der Träuschling in den ersten vier bis fünf Wochen zur Entwicklung des Pilzgeflechtes im Beet eine verhältnismäßig hohe Temperatur, etwa 24 bis 27 °C, fordert (nicht unter 20 °C!), soll der Anbau in der Regel *nicht vor Ende Mai* erfolgen.
Früherer Beginn ist nur bei Verwendung von Frühbeetkästen möglich. Die Entwicklung des Pilzgeflechtes bis zum Eintreten der Fruchtkörperbildung dauert mindestens 8 Wochen, so daß bei Anbaubeginn Ende Mai bis Mitte Juni mit dem *Ertragsbeginn ab August* gerechnet werden kann. Die Ernte zieht sich dann bis Frosteinbruch hin.
Bereits seit mehreren Jahren hat der *Überwinterungsanbau* von Träuschlingen zunehmende Bedeutung erlangt. Hierzu werden die Kulturen von Anfang September bis Mitte Oktober angelegt. Das ausgeglichenere Klima in dieser Jahreszeit, der während der Sommermonate erwärmte Untergrund und die im allgemeinen bessere Qualität des aus der neuen Ernte beschafften Strohs als Nährsubstrat für den Pilz bewirken meistens sicherere Anwachsergebnisse als im Frühjahr, das häufig zu naß und zu kalt und damit den Kulturen weniger zuträglich ist. Beim Überwinterungsanbau setzt die Fruchtkörperbildung im Frühjahr des Folgejahres ein, d. h. zu einer Jahreszeit, in der ein Gericht aus frischen Pilzen schon eine Besonderheit darstellt.

Das Nährsubstrat

Als Nährsubstrat für den Träuschling wird ausschließlich Getreidestroh verwendet, zu bevorzugen ist Weizen- oder Roggenstroh. Erde, Stalldung, Laub, Heu, Gräser, Kartoffelkraut, Torf, Nadelstreu u. ä. Materialien sind nach den

gegenwärtig vorliegenden Erkenntnissen als Nährsubstrat nicht geeignet.
Die Anreicherung des Strohs mit Düngesalzen, Humus, Geflügeldung, Jauche usw. ist unter allen Umständen abzulehnen und würde zu mehr oder weniger großen Ertragseinbußen führen. Das trifft im Gegensatz zum Champignon auch auf den Zusatz von Kalk in jeglicher Form zu. Versuche haben aber ergeben, daß unter bestimmten Voraussetzungen eine Anreicherung des Strohs mit Nährstoffen möglich ist, und zwar durch den Zusatz von Leinsamenmehl, Sojabohnenmehl, Erdnußmehl oder Knochenmehl. Die Zusatzmenge beträgt jeweils 50 g/kg Trockensubstanz. Es ist jedoch zu beachten, daß diese Zusatzstoffe erst dem völlig vom Träuschlingsmyzel durchwachsenen Stroh kurz vor dem Abdecken der Beete mit Erde zugesetzt werden dürfen, nicht vorher. In günstigen Fällen können durch diese Maßnahmen Ertragssteigerungen von 30 bis 50% erzielt werden.
Gänzlich oder teilweise verfaultes oder angerottetes Stroh ist ungeeignet. Demzufolge soll es eine gelbe bis gelbbraune Färbung aufweisen und darf nicht dunkel oder schwarz sein. Es soll sauber und trocken gelagert sein.
Das *Stroh* wird vollständig *gleichmäßig durchfeuchtet*, so daß sich alle Teile naß anfühlen. Für den Durchfeuchtungsprozeß benötigt man etwa 2 Wochen. Während dieser Zeit wird das Stroh täglich mehrmals befeuchtet, bis das Wasser direkt vom Halm aufgesaugt wird. Um dabei alle Teile zu erfassen, wird es u. U. zweckmäßig sein, das Stroh einmal oder häufiger bei der Befeuchtung zu wenden und danach zu bedecken, damit Wind und Sonne es nicht wieder austrocknen.
Eine Erwärmung des Strohs soll bei diesem Vorgang nicht eintreten. Die Mikroorganismen, die eine solche Erwärmung hervorrufen, haben wahrscheinlich direkt oder indirekt eine negative Wirkung auf den Träuschling. Man kann das Stroh auch in einem geeigneten Behälter einweichen. Nach spätestens 2 Tagen ist das Stroh wieder aus dem Behälter herauszuholen, um unerwünschte Gärungsvorgänge zu vermeiden.
Eine *Kompostierung* mit hohem Arbeitsaufwand, wie beim Champignonanbau, *entfällt* bei der Vorbereitung des

Träuschlingssubstrats, und im Gegensatz zum Champignon braucht man für den Anbau auf kleinster Fläche, z. B. 1 m^2, auch nur die entsprechende Strohmenge für diese Fläche vorzubereiten, weil keine Heißvergärung, die nur bei größeren Substratmengen zustande kommt, erforderlich ist.
Eine besondere Form des Einsatzes von Getreidestroh als Nährsubstrat für den Träuschling ist die *Verwendung von unzerteilten Hochdruckpreßballen,* die nach entsprechender Durchfeuchtung mit der Träuschlingsbrut beimpft werden. Einzelheiten dazu finden sich in den folgenden Abschnitten. Schließlich soll nicht unerwähnt bleiben, daß im nördlichsten Bezirk der DDR der Träuschling auch auf Abfällen der holzverarbeitenden Industrie angebaut wird. Es handelt sich dabei um zerkleinerte, rindenhaltige Abfälle verschiedener Holzarten, die nach Bewässerung ohne weiteren Strohzusatz als Nährsubstrat eingesetzt werden. Die Abfälle bestehen jeweils etwa zur Hälfte aus Borkenschrot und aus groben Holzspänen.

Das Anlegen der Beete

Die Durchfeuchtung des Strohs erfolgt in der Regel im Mai, und danach werden unter Beachtung der gegebenen Hinweise für den Standort der Pilze die Beete angelegt. Dazu wird das feuchte Stroh in bis zu 25 cm hohe Lagen gepackt und dabei festgestampft, ähnlich dem Anlegen der Flachbeete beim Champignonanbau. Für 1 m^2 Beetfläche benötigt man etwa 20 bis 25 kg trockenes Stroh. Die Beete werden etwa 1 m breit mit schrägen Seiten angelegt. Sie können auch schmaler sein, da ohnehin die meisten Fruchtkörper an den Rändern wachsen, wo die Feuchtigkeitsbedingungen in der Regel gleichmäßiger sind. Bei Nutzung von Frühbeetkästen kann selbstverständlich die ganze Kastenbreite genutzt werden. Vom Ausfahren der Erde aus den Frühbeetkästen ist nach Möglichkeit Abstand zu nehmen, vor allem bei tiefliegenden Kästen. Bei Beginn des Anbaus ist ein *Abstand* von 12 cm *zwischen Beetoberfläche und Unterkante der Fenster* ausreichend, weil die Strohpackung während der Anbau-

zeit zusammensinkt. Dabei kommt der erforderliche Abstand von 20 cm zwischen Beetoberfläche und Fenster bis zum Einsetzen der Ernte zustande, so daß für die Fruchtkörperausbildung ausreichend Platz vorhanden ist. Bei Verwendung eines transportablen Rahmens für die Träuschlingsbeete sollten aus den genannten Gründen die Seiten des Rahmens 35 bis 40 cm hoch sein.
Sollen unzerteilte Strohballen als Nährsubstrat verwendet werden, müssen sie 2 Tage in einem geeigneten Behälter unter Wasser getaucht werden. Dabei nimmt der Ballen etwa das Zweifache seines Trockengewichts an Wasser auf. Anschließend läßt man den Ballen einen Tag lang abtropfen, und erst danach wird beimpft.
Das *Pflanzgut* für den Träuschlingsanbau entspricht der Champignonsubstratbrut. Ebenso wie diese wird die Brut in Zylinderform mit 1 Liter Inhalt je Einheit geliefert. Träuschlingsbrut kommt nur als *Frischbrut* in den Handel. Die feuchte Brut ist in Plastfolienbeuteln verpackt. Sie muß möglichst rasch nach dem Empfang verwendet werden. Eine längere Aufbewahrung ist nur im Kühlschrank bei Temperaturen zwischen +2 bis +5 °C möglich. Unter normalen Lagerungsbedingungen sollte die Träuschlingsbrut nicht länger als 1 Woche gelagert werden, besser überhaupt nicht. Während der Lagerung beläßt man die Brut in der mitgelieferten Plastfolienverpackung, um Austrocknung zu vermeiden. Die Brutrolle muß sichtbar vom weißen Pilzgeflecht des Träuschlings durchzogen und fest sein.
Die Träuschlingsbrut kann vom Versandhaus Samen und Pflanzen, 5020 Erfurt, Postfach 1000 oder durch die Spezialverkaufsstellen des Einzelhandels für gärtnerischen Bedarf zum Preis von 5,10 Mark je Liter bezogen werden. Bei Beetkultur benötigt man für 1 m^2 Anbaufläche 1 Liter Brut = 1 Rolle.
Zur *Beimpfung* wird die Träuschlingsbrutrolle in hühnereigroße Stücke zerbrochen, und diese Stücke werden im Abstand von 20 cm etwa 8 cm tief in das Beet gesteckt. Anschließend wird das Stroh wieder gut angedrückt.
Nach diesem Vorgang wird das Beet, sofern es sich im Freien befindet, in der bereits beschriebenen Weise mit *Plastfolie* und *Strohdecken* bedeckt, wobei dafür zu sorgen

ist, daß das Deckmaterial bei starkem Wind nicht fortgeweht wird. Bei Beeten im Frühbeetkasten oder unter einem Rahmengestell wird die vorgesehene Bedeckung (Fenster, Platten usw.) aufgelegt und mit Strohdecken, Brettern usw. beschattet. Es kommt nun darauf an, die bereits erwähnten Temperaturwerte zu halten. Über 30 °C darf die Temperatur in den Beeten jedoch nicht ansteigen.
Das Stroh soll gleichmäßig feucht bleiben. Wenn die Bedeckung in der beschriebenen Weise vorgenommen wird, dürften sich zusätzliche Maßnahmen zum Feuchthalten des Strohes erübrigen.
Bewährt hat sich auch das Bedecken der Strohschicht mit feucht zu haltenden alten Säcken, die mit Steinen oder Brettern beschwert werden.
Unzerteilte Strohballen beimpft man folgendermaßen: In die Längsseiten der Ballen werden mit einem Impfholz 8 cm tiefe Löcher gebohrt und in diese die Brutstücke hineingeschoben. Für zwei Ballen mit je 40 bis 50 kg Naßsubstrat benötigt man mindestens 1 Liter Brut. Die beimpften Ballen werden in halbschattiger, windgeschützter Lage auf den Boden oder ins Gras gelegt. Um die Austrocknung während des Durchwachsprozesses zu verhindern, können die Ballen in perforierte Folie eingeschlagen werden, die nach dem Durchwachsen wieder entfernt wird. Anderenfalls sind die Ballen bei anhaltend warmem und trockenem Wetter zu befeuchten. Schutz gegen langanhaltende Niederschläge bieten Abdeckungen oder Überdachungen. Das im folgenden Abschnitt beschriebene Abdecken mit Erde ist bei der Strohballenkultur nicht erforderlich.

Das Bedecken der Beete mit Erde

Nach etwa 2 bis 3 Wochen überzeugt man sich, ob das Pilzgeflecht des Träuschlings von den Brutstücken aus weit genug in das Stroh hineingewachsen ist. Gewöhnlich werden 4 Wochen nach der Beimpfung 2/3 bis 3/4 der Strohmasse vom Pilzgeflecht durchzogen sein. Zu diesem Zeitpunkt wird, wie beim Champignonanbau, die Beetoberfläche etwa 3 bis 5 cm dick mit Erde bedeckt. Dazu verwendet man eine *humusreiche Gartenerde*, die zur Verbesserung noch mit Torf im Verhältnis 1 : 1 angereichert worden sein sollte. Der Torf ist vor der Beimischung gründlich zu durchfeuchten. Gut geeignet als Deckerden sind auch stark verrottete Laub- und Nadelerde, sowie kalkarme Komposterde. Als Zusatz hat sich Sägemehl aus ungeleimten Laubhölzern bewährt. Die Zusatzmenge darf jedoch 10% nicht überschreiten. Jeglicher Kalkzusatz zur Deckerde ist schädlich. Stark lehmige, kalkreiche, tonige oder sandige Erden sind nicht als Deckmaterial zu gebrauchen. Die Erde muß so beschaffen sein, daß sie möglichst kalkfrei ist und nach dem Gießen nicht zur Verschlämmung, zum Zusammenfließen und zur Verkrustung neigt. Sie soll ihren Krümelzustand auch nach Bewässerung behalten. Durch einen hohen Humusgehalt und den Zusatz von Torf erhält die Deckerde günstige Eigenschaften.

Die Deckerde wird in feuchtem Zustand auf die Beete aufgetragen, glattgestrichen und leicht angedrückt. Ist die oberste Strohschicht nicht vom weißfädigen, den charakteristischen Pilzduft ausströmenden Pilzgeflecht des Kulturträuschlings durchzogen, wird diese Schicht abgenommen und die Erde unmittelbar auf die vom Pilzgeflecht durchzogenen Strohschichten aufgebracht.

Pflege und Ernte

Nach dem Bedecken mit Erde wird das Beet wie vordem vor der direkten Einwirkung von Sonnenstrahlen, Niederschlägen und Wind geschützt, so daß die vorhandene Feuchtigkeit der Deckerde erhalten bleibt und vorerst nicht gegossen zu werden braucht. Die Temperatur in den Beeten kann beibehalten werden; es ist jedoch nicht nachteilig, wenn sie nach dem Aufbringen der Deckerde auf Werte um 20°C zurückgeht.

Aus dem Stroh soll nunmehr das Pilzgeflecht in die Deckerde hineinwachsen und etwa 2 Wochen nach dem Aufbringen auch in ihr erkennbar sein. Nunmehr ist es erforderlich, alle unmittelbar dem Beet aufliegenden

Deckmaterialien, wie Plastfolie, Pappe, Strohdecken usw., zu *entfernen*. Über der Beetoberfläche in Frühbeetkästen und unter Rahmengestellen muß ein mindestens 15 bis 20 cm hoher Luftraum vorhanden sein, in den die Fruchtkörper hineinwachsen können. Die Fenster oder Platten, die auf den Frühbeetkästen oder den Rahmengestellen liegen, werden leicht angehoben, so daß mit der eintretenden Belüftung des Kastens die Fruchtkörperbildung angeregt wird. Bei der Verwendung von Frühbeetfenstern ist die Beschattung derselben mit Strohdecken u. dgl. jedoch nach wie vor erforderlich.

Von nun an wird die *Beetoberfläche* von Zeit zu Zeit *leicht gegossen*, so daß die Erdschicht immer feucht bleibt. Das Gießwasser soll jedoch möglichst nicht ins Beet hineinlaufen. Um unmittelbar im Freien liegende Beete vor der unkontrollierten Befeuchtung durch Niederschläge zu schützen, ist es empfehlenswert, diese Beete, wenn auch nur in primitiver Weise, zu überbauen, indem auf ein etwa 1/2 m hohes Holzgerüst Platten, Bretter u. ä. gelegt werden, so daß man nach wie vor die Beete gut pflegen kann und sich ausreichend Luftraum über denselben befindet. Gegen starke Windeinwirkung sollte man die Beete seitlich schützen, sofern nicht bereits der Standort der Beete einen ausreichenden *Windschutz* gewährt.

Etwa 4 Wochen nach dem Aufbringen der Deckerde, bisweilen auch noch etwas später, erscheinen einzeln oder in Gruppen die *Fruchtkörperanlagen*, die verhältnismäßig langsam zu großen Pilzen heranwachsen. Die Fruchtkörper sollten vor direkter Sonneneinstrahlung geschützt werden, weil sie dann eine bessere Qualität erreichen. Sie werden geerntet, wenn sie möglichst groß sind. Ob man dabei wartet, bis sich der Hut geöffnet hat oder die Fruchtkörper bei eben noch geschlossenem Zustand des Hutes erntet, bleibt jedem selbst überlassen. Wie die Champignons, werden auch die Träuschlinge *vom Pilzgeflecht abgedreht*.

Bei überständigen ausgereiften Fruchtkörpern breitet sich der dunkelviolette Sporenstaub häufig über die Beetteile aus und überzieht auch die Pilzhüte rußartig. Dieser Sporenbelag kann durch Abwaschen oder Abziehen der Oberhaut entfernt werden.

Auch beim Träuschling erscheinen die Fruchtkörper in einzelnen Wellen, die jedoch nicht annähernd so deutlich ausgeprägt sind wie die Erntewellen des Champignons. Zwischen den Erntewellen liegen beim Träuschling größere Zeiträume von 10 bis 14 Tagen. Die Fruchtkörper erscheinen einzelner als beim Champignon, manchmal auch in großen Gruppen.
Eine ausreichende Fruchtkörperbildung erfolgt nur, wenn ausreichend Frischluft zur Verfügung steht, wobei Zugluft jedoch vermieden werden muß.
Für die Fruchtkörperbildung sind Temperaturen zwischen 12 bis 24 °C ausreichend. Die Temperaturtoleranzen für die Fruchtkörperbildung liegen beim Träuschling nicht so eng wie beim Champignon, jedoch sind Temperaturen über 25 °C während der Ertragsbildung keinesfalls günstig, wenn auch bis 28 °C eine Fruchtkörperbildung erfolgt.
Die *Ernte des Träuschlings* zieht sich bis in den Herbst hinein. Durch gleichmäßige und vorsichtige Bewässerung der Beete wird stets für ausreichende Feuchtigkeit der Deckerdeschicht gesorgt. Vorzeitig abtrocknende Stellen werden gesondert gegossen. Wenn die Ernte im Herbst zu Ende geht, sollte man die *Beete überwintern*, wenn der Platz nicht sofort benötigt wird. Es kann vorkommen, daß im Mai erneut, wenn auch nur einmalig, Fruchtkörper auf diesen überwinterten Beeten erscheinen.
Bei im Frühjahr angelegten Strohballenkulturen erscheinen die Fruchtkörper etwa 2 bis 3 Monate nach dem Beimpfen. Sie sind sehr groß und haben einen dicken Stiel. Um den Strohballen während der Ertragsperiode feucht zu halten, ist bei Bedarf zu bewässern. Je Strohballen ist mit einem Ertrag bis zu 4 kg zu rechnen.
Madige Pilze wurden bisher nur selten festgestellt. Dagegen traten Milben, Springschwänze, Schnecken und eine Käferart, der Rote Pilzkurzflügler, als Schädlinge auf. Eine vorbeugende Behandlung der Beete mit den handelsüblichen Stäubemitteln (Arbitex-Staub, bercema-Ruscalin) beim Anlegen der Beete erscheint allerdings angebracht.
Häufig erscheinen zeitlich vor den Fruchtkörpern des Träuschlings die Fruchtkörper von Unkrautpilzen auf den

Beeten, insbesondere Becherlinge, Düngerlinge, Tintlinge. Sie sollten abgelesen und vernichtet werden. Die Träuschlinge sind kaum mit diesen Pilzen zu verwechseln. Im Zweifelsfall befrage man den Pilzsachverständigen.

Keinesfalls werden die sogenannten Unkrautpilze mit der Brut eingeschleppt, da letztere steril herangezogen wird und in jedem Fall nur Träuschlingspilzgeflecht enthält. Dagegen sind die Sporen der Pilzarten, die im Stroh als »Unkrautpilze« wachsen, überall verbreitet.

Gefährlich für den Träuschlingsanbau ist die Ausbreitung von Schimmelpilzen im Stroh. Wird das Stroh von grünen Schimmelpilzen *(Trichoderma)* befallen, ist das Träuschlingsmyzel nicht in der Lage, den Fremdpilz zu überwachsen. Bei starkem Grünschimmelbefall tritt dagegen ein vollständiges Absterben des Stropharia-Myzels ein, in der Regel 2 Wochen nach dem Beerden der Beete. Die Ertragsbildung bleibt dann aus. Ist Grünschimmel einmal aufgetreten, ist an dem betreffenden Standort künftig kein Träuschlingsanbau mehr durchführbar, ohne daß Gegenmaßnahmen ergriffen werden. Der Grünschimmelbefall wird durch Verwendung von nicht ausgereiftem Stroh, durch die Selbsterhitzung des Strohs und durch Nährstoffzusätze vor der vollständigen Besiedlung des Strohs mit Träuschlingsmyzel gefördert.

Bei wiederholtem Anbau sollte man auch den Standort der Kulturen möglichst wechseln.

Spezifische Hinweise zum Überwinterungsanbau

Der Überwinterungsanbau ist sowohl bei *Beetanlagen* als auch bei der Verwendung von unzerteilten Strohballen für die Träuschlingskultur möglich. Nach dem Anlegen und Beimpfen der Kulturen werden diese durch Auflegen von Papier oder Alttextilien, die wiederholt befeuchtet werden, bzw. durch perforierte Folie gegen Austrocknung geschützt. Mit dem Absinken der Außentemperaturen wird die Befeuchtung allmählich eingestellt. Anfang bis Ende Oktober deckt man die Beete mit Erde ab. Im November wird eine Schutzdecke gegen Frost aufgebracht, die auch die Feuchtigkeit erhalten und gegen Temperaturschwankungen schützen soll. Wenige Minusgrade im Substrat schaden jedoch nicht. Im Frühjahr wird die vom Myzel reichlich durchwachsene und ausgetrocknete Deckerde 2 Wochen nach dem Entfernen der Frostschutzdecke aus Stroh bewässert. Ab Ende April ist mit dem Erscheinen der Fruchtkörper zu rechnen.

Auch die *beimpften Strohballen*, die überwintert werden sollen, werden zum Schutz gegen stärkere Fröste mit einer 20 bis 30 cm dicken Laub- oder Strohschicht geschützt. Nach der Frostperiode wird diese Schicht wieder entfernt. Vom Spätherbst bis zum Frühjahr werden die Strohballen nicht befeuchtet. Desgleichen ist auch bei der Überwinterung von Strohballen keine Erdschicht erforderlich.

Der Anbau des Austernseitlings

In den letzten Jahren hat der Austernseitling als kultivierbarer Speisepilz zunehmendes Interesse gefunden. Der Anbau dieses sehr schmackhaften Pilzes bietet sich in besonderem Maße für den Garten- und Pilzfreund an, denn er kann in kleinsten Einheiten mit gutem Erfolg auch im Freien praktiziert werden und zeichnet sich durch eine hohe Ertragssicherheit aus.
Der Austernseitling tritt in der Natur an verschiedenen Laubhölzern im Herbst auf und bildet meist büschelig wachsende, asymmetrische *Fruchtkörper*, die seitlich aus den Stämmen und Stubben des Wirtsholzes herauswachsen. Der kurze, dicke und fleischige Stiel geht in den Hut des Fruchtkörpers über. Dieser hat etwa die Form einer aufgeklappten Muschelschale, ist auf der Oberseite dunkelgrau, schieferblau bis gelblich-grau gefärbt; die Lamellen sind an der Hutunterseite weiß bis gelblich-weiß gefärbt und laufen zum Stiel herab. Der Sporenstaub ist weiß bis cremefarben. Von den heute kultivierten Arten haben zwei eine besondere Bedeutung erlangt:
Pleurotus ostreatus wird in der DDR durch die Sorte ‚Silberauster' vertreten. Diese Art zeichnet sich in der Regel durch Fruchtkörper mit dunkler Hutoberfläche (schwarz, grau, schieferblau) und sehr kräftigem Geschmack aus und benötigt für eine gute Fruchtkörperbildung mäßige Temperaturen (10 bis 15 °C).
Pleurotus florida dagegen fruktifiziert reichlich auch noch bei höheren Temperaturen (über 15 °C bis zu 25 °C), hat einen sehr milden Geschmack und Fruchtkörper mit heller Hutoberseite. Die DDR-Sorte ‚Sommerauster' ist ein Vertreter der Gattung *Pleurotus*, die die Vorzüge beider Arten miteinander verbindet, d. h. sie fruktifiziert auch

Abb. 25 Fruchtkörper des Austernseitlings

noch bei höheren Temperaturen, entspricht jedoch im Geschmack dem *»ostreatus«*-Typ.

Für welche Sorte man sich entscheidet, hängt also in erster Linie von den Temperaturbedingungen ab, die man unter den gegebenen Umständen während der Ertragsbildung einhalten kann. Im Gegensatz zu allen anderen in dieser Broschüre besprochenen kultivierbaren Speisepilzarten benötigt der Austernseitling zur Fruchtkörperbildung das Tageslicht oder diesem entsprechendes Kunstlicht.

Der Austernseitling kann sehr gut als Pilzhauptgericht verwendet werden, eignet sich aber gleichfalls gut als Beilage, zur Verwendung in Omeletts usw. Sehr schmackhaft sind auch sogenannte Pilzschnitzel, indem große Pilze unzerkleinert gebraten werden. Verwendet wird für den Frischverzehr nur der Hut, da der Stiel besonders bei im Freien gewachsenen Pilzen sehr zäh ist. Die Stiele können jedoch geschnitten, an der Luft getrocknet und dann pulverisiert werden. In dieser Form sind sie zur Herstellung von Pilzsuppen geeignet. Abschließend soll noch darauf hingewiesen werden, daß man zwei *Hauptformen des Austernseitlingsanbaues* unterscheidet:

Die *Langzeitkultur* auf Holz erstreckt sich über mehrere Jahre. Geerntet wird jeweils im Herbst, in geringerem Umfang auch im Frühjahr.
Die *Kurzzeitkultur* auf Stroh oder ähnlichem Material dauert dagegen nur 3 bis 4 Monate. Je nach Standort- und Klimabedingungen kann bei ihr, unabhängig von der Jahreszeit, die Fruchtkörperbildung ausgelöst werden. Zwischen beide Hauptformen des Anbaues kann man das *Insterilverfahren* mit Schüttsubstraten nach Gramss einordnen.

Der Anbau auf Holz (Langzeitkultur)

Auswahl und Vorbereitung des Holzes

Für den Anbau des Austernseitlings ist das Holz von Rotbuche und Pappel besonders geeignet. Aber auch Hainbuche, Weide, Birke, Kastanie u. a. sind geeignet.
Wichtig ist, daß das verwendete Holz möglichst frisch ist, d. h. 6 Wochen vor dem Verwendungstermin und mög-

Abb. 26 Buchenholzklötze mit Austernseitlingsfruchtkörpern (Langzeitkultur)

lichst nicht später als 12 Wochen vor diesem geschlagen wurde, so daß es noch nicht von anderen Pilzarten besiedelt und ausgetrocknet ist. Ausgetrocknetes Holz muß erst durch Wässern wieder auf den notwendigen Feuchtigkeitsgehalt (mindestens 50 bis 60%, das bedeutet, daß eine Probe Sägemehl sich in der Hand formen läßt und nicht sofort wieder auseinanderfällt) gebracht werden.
Im allgemeinen werden für den Anbau Stammabschnitte verwendet mit einem Durchmesser von 10 bis 25 cm und einer Länge von etwa 25 bis 35 cm. Gefällte Stämme werden also in solche Abschnitte zersägt.

Die Vorkultur

Die für den Anbau vorgesehenen Holzklötze werden mit der »Brut« des Austernseitlings beschichtet.
Diese Brut kann vom Versandhaus Samen und Pflanzen, 5020 Erfurt, Postfach 1000 und durch die Spezialverkaufsstellen für gärtnerischen Bedarf zum Preis von 4,50 Mark je Liter (Substratbrut) bezogen werden.
Die Austernseitlingssubstratbrut entspricht in der Form der Champignonsubstratbrut, die im Abschnitt »Champignon« bereits beschrieben wurde. Es gibt auch Austernseitlingskörnerbrut, die der Champignonkörnerbrut entspricht.
Die *Brut* wird vor der Verwendung zerkrümelt und dann in diesem Zustand auf die Schnittflächen der zu beimpfenden Klötze in einer 0,5 cm starken Schicht aufgebracht. Für 2 m^2 Schnittfläche benötigt man etwa 5 Liter (oder Rollen) Brut zur Beimpfung. Die zu beimpfenden Klötze stellt man turmartig je nach Anzahl 3- bis 6fach übereinander, wobei auf jede Schnittfläche eine Schicht Pflanzgut aufgebracht wird, auf diese wird der folgende Klotz gestellt usw. Auf diese Weise kann das Pilzmyzel von beiden Seiten in die Hölzer nach oben und unten einwachsen. Damit dies auch bei den obersten und untersten Klötzen eines Stapels gewährleistet ist, wird der unterste Klotz bereits auf eine Schicht Brut gestellt und der oberste Klotz mit Brut abgedeckt. Durch unter- bzw. aufzulegende Holzscheiben werden beide Brutschichten gegen die offene Seite hin geschützt.

Stehen ausreichend Klötze zur Verfügung, werden die einzelnen »Türme« dicht nebeneinandergestellt, so daß der ganze Stapel durch diese Art der Aufstellung die notwendige Festigkeit erhält. Damit die Brut schnell und zügig an- und durch das Holz hindurchwachsen kann, ist innerhalb des Stapels eine hohe *Luftfeuchtigkeit* und eine *Temperatur* von 20 bis 25 °C erforderlich. Die Luftfeuchtigkeit wird dadurch erreicht, daß man den Stapel mit Folie einhüllt oder auch mit feuchtzuhaltenden Säcken. Ein geringer Luftaustausch innerhalb des Stapels ist jedoch notwendig, deshalb darf die Umhüllung nicht ganz dicht angebracht werden.
Um die erforderliche Temperatur zu erreichen, kann man den Vorkulturstapel in einem temperierten Raum (15 bis 25 °C) aufstellen, welcher auch dunkel sein kann (Keller, Schuppen und dgl.), denn Licht ist während der Vorkultur noch nicht erforderlich. Während der wärmeren Jah-

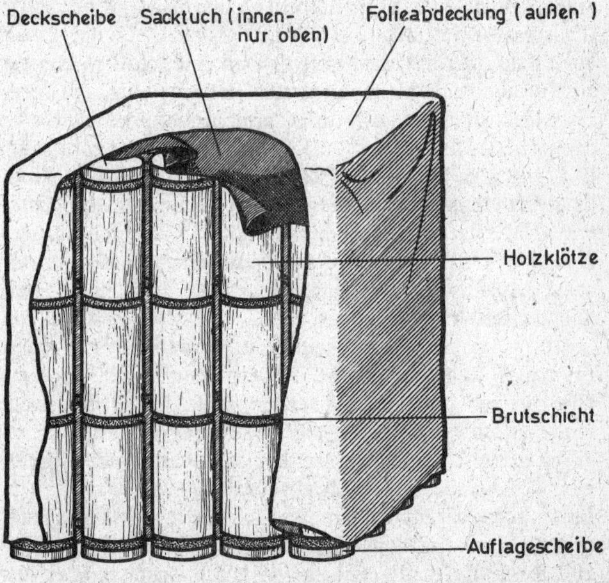

Abb. 27 Austernseitling – Vorkultur von Holzklötzen

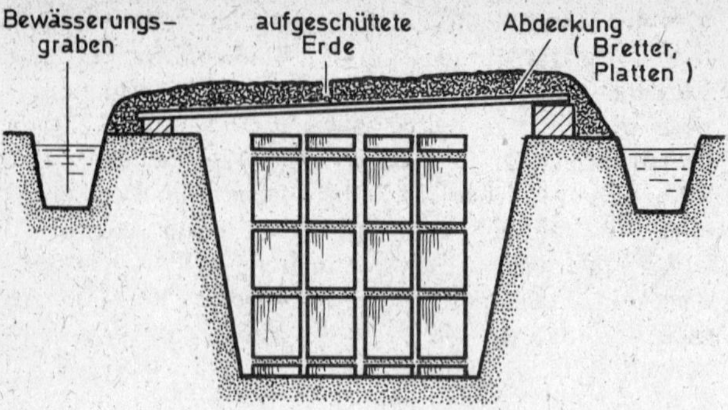

Abb. 28 Austernseitling – Vorkultur von Holzklötzen im Garten

reszeit kann ein solcher Stapel auch an schattiger windgeschützter Stelle im Garten stehen. Es ist jedoch darauf zu achten, daß sich bei Sonneneinstrahlung das Innere des Stapels nicht zu sehr erhitzt, denn bei über 30 bis 35 °C stirbt das Myzel ab.

Die dritte Möglichkeit besteht darin, daß man im Garten eine Grube aushebt, in der der Stapel untergebracht wird. Danach wird die Grube abgedeckt (Bretter, Platten), so daß ein Schutz gegen äußere Einwirkungen erreicht wird. In diesem Fall ist eine zusätzliche Umhüllung des Stapels nicht erforderlich. Es ist jedoch darauf zu achten, daß sich bei starken Niederschlägen die Grube nicht mit Wasser füllt. Nur die Grubenwände und der Grubenboden sind zum Erzielen einer hohen Luftfeuchtigkeit leicht feucht zu halten. Es empfiehlt sich auch, um die Grube einen Graben zu ziehen, der öfter mit Wasser gefüllt wird. Dadurch bleibt die Grube ohne zusätzliche Maßnahmen ausreichend feucht. In diesem Fall sollte man auf die obere Abdeckung außerdem feuchte Erde aufbringen, wodurch Temperatur und Feuchtigkeit in der Grube gleichmäßig gehalten werden.

Beim *Aufstellen der Klötze* ist weiterhin darauf zu achten, daß sich die Schnittflächen möglichst völlig gegenseitig abdecken. Hat man nur einen oder wenige Klötze zur Verfügung, ist in jedem Fall das Aufstellen in einem

Raum und die Umhüllung mit perforierter Folie zu empfehlen. Der günstigste Beginn für die Vorkultur im Freien ist Anfang Mai, weil man bei weicheren Hölzern dann bereits im Herbst desselben Jahres die ersten Fruchtkörper ernten kann. Sie ist aber generell während der ganzen Sommerperiode möglich, während bei einer Vorkultur in einem Raum, der auch im Winter temperiert werden kann, keine jahreszeitliche Abhängigkeit besteht.
Besondere Pflegemaßnahmen während der Vorkultur sind nicht erforderlich. Sie dauert je nach Temperaturbedingungen 12 bis 20 Wochen.

Das Aufstellen des Holzes zur Pilzernte; Pflege und Ernte

Sowie das Holz vom weiß-gelblichen Myzel des Austernseitlings völlig durchzogen ist, können die Klötze zur Ernte aufgestellt werden. Das Holz ist je nach den Temperaturbedingungen 12 bis 20 Wochen nach dem Beimpfungstermin völlig vom Myzel durchwachsen. Die Hölzer sind dann buchstäblich »zusammengewachsen«, und das Holz zeigt im Innern die durch das Myzel bedingte weißlich-gelbe Verfärbung. Klötze, bei denen das Myzel vom Pflanzgut aus nicht in das Holz eingewachsen ist, können nochmals beimpft werden, nachdem man ein Stück vom Klotzende abgesägt hat. Die Ursache für schlechtes Auswachsen der Brut kann Austrocknen sein.
Die durchwachsenen Klötze werden einzeln und aufrecht an einem schattigen, feuchten und windgeschützten Standort *in den Boden so eingegraben,* daß etwa ein Drittel jedes Stammabschnittes in das Erdreich kommt und der lichte Abstand zwischen den Klötzen nach allen Seiten etwa 30 cm beträgt, damit die später seitlich aus dem Holz herauswachsenden Fruchtkörper ausreichend Platz für ihre Entwicklung finden. Zwischen Holz und Erde dürfen keine Hohlräume bleiben. Werden die Hölzer bereits im Mai/Juni eingegraben, nach einer Vorkultur in einem temperierten Raum, kann bereits im Herbst desselben Jahres mit einer ersten Ernte gerechnet werden. Erfolgt das Aufstellen der Hölzer zur Ernte jedoch erst im Juli/August/September, z. B. nach einer Vorkultur im

Freien, ist in der Regel erst im Herbst des folgenden Jahres mit einer Ertragsbildung zu rechnen. Aus dem Boden entnimmt das Pilzmyzel Feuchtigkeit und ggf. auch Nährstoffe, zugleich wird durch das feuchte Erdreich auch die Feuchtigkeit des Holzes erhalten. Deshalb sollte man während der warmen, trockenen Sommerzeit den Standort nicht völlig austrocknen lassen, wenn auch das Myzel während der Ruhezeit (außerhalb der Ertragsperiode) relativ unempfindlich gegen Trockenheit ist. Eine *Bodenbefeuchtung* wirkt sich hier günstig aus. Die Klötze selbst sollte man im Sommer nicht direkt befeuchten. Gegebenenfalls sind eine zusätzliche Schattengabe und Pflanzenwuchs um die Stämme günstig. Bei warmem trockenem Herbstwetter sollten zur Anregung der Fruchtkörperbildung Erdreich und Klötze immer leicht feucht gehalten werden, indem man täglich kurzzeitig leicht beregnet (2 bis 3 mm). Es dürfen aber keine übermäßigen Wassermengen aufgebracht werden. In Waldlagen sind die Klötze gegen Wildverbiß zu schützen. Im übrigen ist aber der Aufwand für die Pflege während der drei- bis fünfjährigen Anbauzeit äußerst gering und beschränkt sich im wesentlichen auf die Pilzernte im Herbst. Im Garten wählt man einen durch Bäume und Sträucher geschützten Standort für das Aufstellen der durchwachsenen Klötze aus. Es wird empfohlen, bei einem Folgeanbau nicht wieder unmittelbar den gleichen Standort zu benutzen, sondern dann die Klötze an einer anderen Stelle des Gartens einzugraben.

Die Fruchtkörper werden gepflückt, wenn sich der zunächst nach unten eingerollte Hutrand völlig entfaltet hat, jedoch noch nicht nach oben eingeschlagen ist. Er soll etwa horizontal vom Mittelpunkt der Fruchtkörper abstehen. Dabei erreichen die Fruchtkörper manchmal einen Durchmesser von 10 bis 15 cm. Jedoch ist ihre Größe kein Kriterium für die *Pflückreife*. Die Pilze werden vorsichtig vom Untergrund abgebrochen oder ggf. aus der Gruppe, in der sie wachsen, herausgebrochen. Häufig wird man eine Pilzgruppe am besten geschlossen ernten. Bisweilen ist es zweckmäßig, ein Messer zu benutzen.

Der *Zeitraum der Ernte* reicht von Ende September bis Dezember bzw. bis zum Eintritt stärkerer Fröste. Das Myzel

selbst ist gegen Kälte und Frost unempfindlich. Bei weichem Holz ist im ersten und zweiten Jahr mit der Haupternte zu rechnen, bei Hartholz auch noch im dritten Jahr, dann sinkt jedoch die Ertragsleistung ab, und spätestens nach fünf Jahren ist das Holz völlig vom Pilzmyzel zerstört. Umgerechnet auf einen Festmeter Holz hat man nach diesem Zeitraum bei guter Kultur etwa 150 kg Austernseitlinge geerntet.
Die geernteten Pilze sind 2 bis 3 Tage im kühlen Raum im Korb oder perforierten Foliebeutel lagerfähig, im Kühlschrank bis zu 7 Tagen (2 bis 4 °C).
Man kann auf die beschriebenc Art und Weise Austernseitlinge auf Holzklötzen auch in Blumenkästen anbauen, die auf dem Balkon untergebracht werden.

Der Anbau auf Stubbenholz

Eine extensive Form des Anbaus von Austernseitlingen auf Holz ist die Stubbenbeimpfung. Die Stubben werden *am natürlichen Standort beimpft.* Für den Anbau sind nur Stubben geeignet, die nicht zu alt sind, deren Holz noch nicht zersetzt und von anderen Pilzen besiedelt ist. Auf die Oberfläche der Stubben wird die Brut ausgebracht und mit Pappe, die an den Stubben angenagelt wird und sie völlig bedecken soll, gegen äußere Einwirkungen geschützt. Natürlich kann man auch dünne Holzbrettchen dazu verwenden oder vom Stubben selbst eine dünne Scheibe absägen, die an den Stubben nach Aufbringen der Brut wieder angenagelt wird. Für die weitere Kultur trifft alles zu, was bereits beim Anbau auf Klötzen ausgeführt worden ist. Auch die beimpften Stubben können durch darübergezogene Plastesäcke noch wirkungsvoller geschützt werden; die Luftfeuchte unter diesem Schutz wird günstig beeinflußt und das Anwachsen der Brut dadurch gefördert. Zur Ernte werden die Säcke wieder entfernt. Bei Stubben setzt die Fruchtkörperbildung meistens erst im zweiten Jahr nach dem Beimpfen ein. Vor dem Beimpfen werden sehr ausgetrocknete Stubben befeuchtet. Die zu beimpfende Oberfläche ist gründlich zu reinigen. Das Beimpfen erfolgt am besten im Mai/Juni.

Der Anbau auf Stroh- und Maisabfällen (Kurzzeitkultur)

Die Kurzzeitkultur des Austernseitlings ist eine intensive Form des Anbaus, die einen höheren Aufwand erfordert, aber zugleich die Möglichkeit bietet, in einem belichtbaren Raum je m^2 Bodenfläche hohe Erträge zu erzielen. Für die Kurzzeitkultur sind nur Substrate geeignet, die vom Pilz in relativ kurzer Zeit vollkommen aufgeschlossen und für die Fruchtkörperbildung verwertet werden können, d. s. Getreidestroh (Weizenstroh), Maisdruschabfälle (Maisspindelschrot), Gemüseerbsenstroh u. a.

Das Nährsubstrat und seine Vorbereitung

Die genannten Grundstoffe für die Substrataufbereitung können sowohl für sich als auch in Mischung für den Anbau verwendet werden. In jedem Fall ist die Verwendung in *gehäckselter oder zerkleinerter Form* erforderlich, mit Ausnahme von ausgedroschenen Maiskolben, die auch unzerkleinert verwendet werden können. Die Faserlänge bzw. Teilchengröße soll in der Regel 2 cm nicht übersteigen. Kleinere Teile zur Bindung der größeren oder Strohmehl als Zugabe sind ebenfalls geeignet. Ungeeignet sind alle Stoffe, die bereits zersetzt oder angefault sind. Es ist günstig, dem Substrat 2 bis 5 % Kalksteinmehl zuzusetzen.

Die Substratmischung kann durch folgende Verfahren für die Kultur vorbereitet werden:

1. Langzeitbehandlung

Dazu wird die Substratmischung durch gründliches Wässern im Tauchverfahren oder durch wiederholtes Begießen bzw. Beregnen auf einen Feuchtigkeitsgehalt von 60 bis 70 % gebracht. Dieser *Befeuchtungsvorgang,* von dem alle Substratteile erfaßt werden müssen, soll innerhalb von 2 Tagen abgeschlossen werden. Die erforderliche Feuchtigkeit liegt dann vor, wenn sich das Substrat in allen seinen Teilen eindeutig feucht anfühlt, die Handfläche beim Aufnehmen einer Probe naß wird und sich beim

Zusammendrücken dieser Probe Tropfen herauspressen lassen. Der *p*H-Wert im Substrat soll zwischen 5 und 7 liegen. Das so vorbereitete Substrat wird nun in Plastesäcke (für 15 bis 30 kg feuchtes Substrat), Holzkisten oder -steigen abgefüllt, oder auch in Eimer (z. B. alte Pappeimer). Beim *Abfüllen in die Anzuchtbehälter* (Sack, Kiste usw.) muß das Substrat schichtweise fest eingedrückt werden. Danach soll sich das Material in diesen Gefäßen für 2 Tage auf 40 bis 45 °C erhitzen. Bei größeren Behältern (Säcke, übereinandergestapelte Kisten usw.) kann diese Temperatur zumindestens im Behälterinneren von selbst eintreten. Durch ein Steckthermometer sollte die Temperaturentwicklung kontrolliert werden.
In Kisten oder Steigen abgefülltes Substrat erhitzt sich häufig von selbst, wenn die Behälter ohne Zwischenräume neben- und übereinander aufgestellt werden, und der Stapel mit Folie an den Seiten und oben umhüllt wird. Diese *Substraterhitzung* kann bis zu 8 Tagen anhalten. In diesem Zusammenhang wird auch auf die Hinweise zur Nachgärung von Champignonsubstrat verwiesen. Die Erhitzung des Substrats kann auch technisch durch Sattdampf angeregt werden. In diesem Fall sind die Substratbehälter in einer geschlossenen, möglichst isolierten Kammer aufzustellen. Auch das Austernseitlingssubstrat kann in loser Form nach dem Verfahren der Pasteurisierung und Konditionierung des Champignonsubstrats in der Masse auf den erforderlichen Temperaturbereich aufgeheizt werden und wird dann erst nach Beendigung des Prozesses in die Anzuchtbehälter abgefüllt. Im Hinblick auf dieses Verfahren wird auf die entsprechenden Ausführungen zum Champignonsubstrat verwiesen.

2. Kurzzeitige Hochtemperaturbehandlung im Heißwasserbad oder durch Dampfeinwirkung

Bei diesem Verfahren wird das Substrat für die Dauer von mindestens einer Stunde im Heißwasserbad oder in einer Kammer mittels Dampf auf einen Temperaturbereich von 70 bis 90 °C erhitzt und nach Abkühlung in die Anzuchtbehälter abgefüllt.

3. Pasteurisierung des Substrats

Bei der Pasteurisierung des Substrats sind Temperaturen zwischen 50 und 60 °C zu erreichen und für einen Zeitraum von 12 bis 24 Stunden zu halten. Dazu kann das Substrat bereits in die Behälter abgefüllt worden sein. Es kann aber auch lose behandelt werden und wird erst nach Abkühlung in die Behälter abgefüllt. Die technische Durchführung erfolgt nach den unter 1. bzw. für die Nachgärung des Champignonsubstrats gegebenen Hinweisen.

4. Anaerobe Kaltgärung des Substrats unter Wasser

Dieses Verfahren bietet sich besonders auch für den individuellen Freizeitanbau an, weil hierfür keine Wärmezuführung erforderlich ist.
Unzerteilte Strohballen werden in einem wasserdichten Behälter bei einer Wassertemperatur von 10 bis 20 °C völlig ein- und untergetaucht. Es ist darauf zu achten, daß nach Bedarf Wasser nachgefüllt und die Ballen so beschwert werden, daß sie sich ständig *unter* Wasser befinden. Das Wasser wird nicht gewechselt, sondern nur nach Bedarf ergänzt. Der Prozeß dauert je nach Wassertemperatur 10 bis 20 Tage. Das vergorene Stroh nimmt eine gelbe Färbung an und strömt allmählich einen sauren Geruch aus. Anschließend läßt man die Ballen 24 Stunden abtropfen.
Die Verwendung des Substrats ohne Vorbehandlung führt häufig zu Mißerfolgen. Durch die Erhitzung bzw. Kaltvergärung soll das Substrat besser aufgeschlossen, Fremdkeime und Schädlinge sollen teilweise abgetötet werden.

Verschiedene Anbaumethoden und Standortfragen

Die Kurzzeitkultur des Austernseitlings kann von der Jahreszeit unabhängig während des gesamten Jahres durchgeführt werden, sofern der Anbau von Anfang bis Ende in einem beleuchteten Raum durchgeführt wird. In diesem Raum muß für die Vorkultur, die nur etwa vier

Wochen dauert, eine Temperatur um 20 °C (Toleranzbereich 16 bis 27 °C) und für die anschließende Ertragsperiode eine Temperatur um 12 °C, bei Anbau der Sorte 'Sommerauster' bis 25 °C, gehalten werden können.
Während die Vorkultur zweckmäßigerweise in einem Raum durchgeführt wird, der die bereits erwähnten Bedingungen in Bezug auf die Temperatur erfüllt, kann die Erntephase auch im Freien erfolgen. In diesem Fall ist es zweckmäßig, die Vorkultur im Juli durchzuführen und das vorbereitete Substrat dann Anfang August im Freien aufzustellen, so daß die Ertragsbildung ab Mitte August bis in den Oktober hinein erfolgen kann. Nach einer Vorkultur im März/April im warmen Raum empfiehlt es sich, das Substrat ab Ende April im Freien aufzustellen. Die Erntezeit beginnt dann im Mai, jedoch ist dies bei der Sorte 'Silberauster' mit etwas Risiko verbunden, weil diese bei warmem Wetter nur schlecht Fruchtkörper bildet. In diesem Fall sollte man aber das beimpfte Substrat so lange stehen lassen, bis nach Eintritt kühler Witterung doch noch die Ertragsbildung einsetzt.
Wie bereits bei der Substratvorbereitung erwähnt wurde, können als Anzuchtbehälter sowohl Säcke, als auch Steigen, Kisten oder Eimer genutzt werden. Bei der Verwendung von Säcken kann die Bodenfläche nur einschichtig gelegt werden. Für das Aufstellen der Kulturen zur Ernte im Freien sind Säcke besonders geeignet. Kisten, Steigen und auch Pappeimer können dagegen übereinander gestapelt werden und sind besonders dann für den Anbau geeignet, wenn dieser von Anfang bis Ende in einem Raum erfolgen kann und dessen Stellfläche maximal mit übereinander zu stapelnden Kisten genutzt werden soll.

Die Vorkultur

Bei der Kurzzeitkultur ist die Vorkultur in einem Raum, in dem eine Temperatur von mindestens 16 bis max. 27 °C gehalten werden kann, am günstigsten. Über 30 bis 35 °C darf die Temperatur nicht ansteigen, da sonst das Myzel abstirbt.
Während der Vorkultur ist weder eine Belichtung noch eine Belüftung des Raumes erforderlich. Die Vorkultur

beginnt mit der Beimpfung des Substrats, das in Säcke, Steigen, Kisten oder Eimer eingefüllt wurde und dem bereits erwähnten Erhitzen ausgesetzt worden ist. Das Beimpfen erfolgt, nachdem die Temperatur im Substrat auf Werte unter 30 °C abgesunken ist. Bei Selbsterhitzung des Substrats tritt die Abkühlung erst Tage nach dem Erreichen der Höchsttemperatur ein; bei technischem Aufheizen durch Dampf, Heißluft oder -wasser unmittelbar nach Abschluß der Wärmezufuhr.
Das *Beimpfen des Substrats* erfolgt nun in der Weise, daß man die Substratbrutrollen in hühnereigroße Stücke zerbricht und diese seitlich in die mit dem Substrat gefüllten Säcke hineinschiebt. Man kann auch das Substrat aus den Säcken ausschütten, mit der zerkleinerten Brut mischen und wieder in die Säcke einfüllen. Das Substrat in Steigen und Kisten impft man an der Oberfläche, indem man die Brutstücke in 20 cm Abstand etwa 5 cm tief in das Substrat einlegt. Es empfiehlt sich auch, unter die oberste Substratschicht zerkleinertes Brutmaterial zu mischen. Für eine Gemüsesteige benötigt man 1 Liter Substratbrut (= 1 Rolle). Dieselbe Menge Brut reicht aus, um 5 kg lufttrockenes Stroh bzw. 15 kg Naßsubstrat zu beimpfen. Wenn Austernseitlingskörnerbrut verwendet wird, die gegenüber Substratbrut jedoch keine Vorteile bietet, ist diese mittels eines Metallstabes in der Anzuchtflasche zu lockern, dann aus der Flasche zu schütten und über die Substratoberfläche zu streuen bzw. mit dem Substrat zu vermischen. In der Ergiebigkeit entspricht 1 Liter Körnerbrut der Brutmenge aus einer Rolle Substratbrut.
Strohballen werden in der Weise beimpft, daß mittels eines Impfholzes in die Längsseiten der Ballen 8 cm tiefe Löcher gebohrt und in diese die Brutstücke hineingeschoben werden. Für einen Ballen mit 40 bis 50 kg Naßsubstrat benötigt man mindestens 1 Liter Brut. Es empfiehlt sich, auch die Oberfläche des Ballens mit etwas zerkleinerter Brut zu bestreuen, um ein schnelles Bewachsen der Ballenoberfläche zu erreichen.
Um die Feuchtigkeit im Substrat zu erhalten, bleibt das Substrat während der Vorkultur in den Plastesäcken, die nur oben offen zu halten sind. Beim Verwenden von Stei-

gen empfiehlt es sich, zum *Schutz vor Austrocknung* die Steigen mit Plastfolie auszulegen und die Folie während der Vorkultur über die Substratoberfläche zu schlagen. Beim Verwenden von Kisten und Eimern sollte die Substratoberfläche mit Folie abgedeckt werden.
Beimpfte Strohballen werden zur Erhaltung der Feuchtigkeit in perforierte Folie eingeschlagen. Es ist darauf zu achten, daß sich die Temperatur im Ballen während der Myzelentwicklung nicht über 30 °C erhöht (Steckthermometer). Besteht die Gefahr einer Überhitzung, muß die Abdeckung des Ballens entfernt werden.
Der Anzuchtraum selbst wird entsprechend den Möglichkeiten feucht gehalten, das Substrat wird während der Vorkultur nicht gewässert. Die Vorkultur dauert je nach den Temperaturverhältnissen 3 bis 4 Wochen, dann ist das Substrat vom Austernseitlingsmyzel durchwachsen. Dies ist deutlich daran zu erkennen, daß sich das gelblich-weiße Austernseitlingsmyzel im Substrat nahezu vollständig ausgebreitet hat, auf der Beetoberfläche erscheint bzw. bis an den Rand der Plastesäcke vorgestoßen ist.
Während der warmen Jahreszeit kann die Vorkultur natürlich auch im Freien durchgeführt werden. Durch dichtes Zusammenrücken der Säcke, Kisten oder Steigen, durch das Abdecken mit Folie und durch zusätzlichen Schutz gegen direkte Sonneneinstrahlung ist zu sichern, daß die Substratfeuchtigkeit während der Vorkultur erhalten wird und kein übermäßiges Aufheizen erfolgt. Durch Steckthermometer ist die Substrattemperatur zu kontrollieren und ggf. durch Anheben der Abdeckung eine Temperatursenkung herbeizuführen. Eine Vorkultur im Freien sollte jedoch nicht vor Mitte Juni erfolgen.

Pflege und Ernte

Nach Beendigung der Vorkultur, wenn das Substrat vollkommen vom Austernseitlingsmyzel durchwachsen ist, werden die Säcke, Kisten oder Steigen an einem geeigneten Standort zur Ertragsbildung aufgestellt. Das kann ein kühler, belüftbarer Raum sein, der jedoch künstlich belichtet werden muß, da das einfallende Licht durch die Fenster für eine normale Ertragsbildung oft nicht ausreicht. Die Behälter können aber auch an einem windgeschützten, schattigen Standort im Freien aufgestellt werden. Nach einer Vorkultur von Mitte Juni bis Ende Juli erfolgt das Aufstellen danach und führt dann mit Eintritt kühler Witterung zur Ertragsbildung. Bei Verwendung der Sorte 'Sommerauster' tritt die Ertragsbildung auch bei Temperaturen um 20°C ein. Bei der Sorte 'Silberauster', die einen »Kühleschock« zur Anregung der Fruchtkörperbildung benötigt, ist es am zweckmäßigsten, die Vorkultur von Mitte Juli bis Ende August durchzuführen und das beimpfte Substrat zur Ernte im Freien Anfang September aufzustellen. Bei nächtlicher Abkühlung auf Temperaturen von 5 bis 10°C wird die Fruchtkörperbildung angeregt. Gegen zu hohe Tagestemperaturen sind die Anlagen durch Überbauen mit Gestellen, die mit Rohrdecken abgedeckt werden, oder durch Aufstellen unter Bäumen und Sträuchern zu schützen. Der Standort ist feucht zu halten, im Bedarfsfall kann bei beginnender Ertragsbildung auch die Substratoberfläche leicht besprüht werden. Wenn die Außenschicht des Substrats zu stark austrocknet, kann es leicht zu einem Vertrocknen der jungen Fruchtkörperanlagen kommen. Damit die Fruchtkörperbildung nicht behindert wird, ist bei Verwendung von Säcken die Folie aufzuschneiden und vom Substrat vollkommen abzuziehen. Das Austernseitlingsmyzel hat zu diesem Zeitpunkt die Substratteile so fest miteinander verbunden, daß die Substratmasse nicht mehr auseinanderfällt.

Vielfach werden auch perforierte Foliensäcke verwendet, so daß die Fruchtkörper aus den Öffnungen in der Folie herauswachsen können, ohne daß man die Folie bei Ertragsbeginn entfernen muß. Hierdurch bleibt die Feuchtigkeit im Substrat besser erhalten.

Bei Steigen, die zum Schutz gegen Feuchtigkeitsverluste mit Folie ausgelegt wurden, ist diese von der Substratoberfläche durch Umschlagen wieder zu entfernen.

Es ist im allgemeinen vorteilhaft, Kisten und Steigen seitlich aufzustellen. Dadurch wird das Austrocknen der zur Ertragsbildung freigelegten Substratoberfläche leichter verhindert, und es entspricht der Natur des Austernseitlings, daß er seitlich aus dem Nährsubstrat herauswachsen kann. Seine Fruchtkörper wachsen jedoch auch auf waagerecht gestellten Substratoberflächen, haben jedoch dann eine fast konzentrische Form.

Erfolgt das Aufstellen in einem Raum, ist zu beachten, daß dieser während der Ertragsbildung entlüftet werden muß, ohne daß es dabei zur Entstehung von Zugluft kommt. Vorhandene Fenster und Lüftungsöffnungen sind im allgemeinen dafür ausreichend. Nur bei sehr starker Belegung des Raumes empfiehlt sich die Anwendung eines Absaugventilators. Im allgemeinen treffen für die *Be- und Entlüftung* die gleichen Prinzipien zu, wie sie bereits beim Champignonanbau behandelt wurden. Bei dem Anbau in Räumen ist je 100 kg Substrat eine Belüftung bis zu 40 m^3 je Stunde erforderlich.

Im Gegensatz zum Champignonanbau muß der Ertragsraum beim Austernseitlingsanbau jedoch auch *gleichmäßig ausgeleuchtet* werden. Für eine Raumgrundfläche von 4 × 4 m ist eine Leuchtstoffröhre von 45 Watt Leistung ausreichend, die ständig eingeschaltet bleiben kann, je-

Abb. 29. Austernseitling – Kurzzeitkultur; Erntewand aus seitlich übereinandergestapelten Steigen

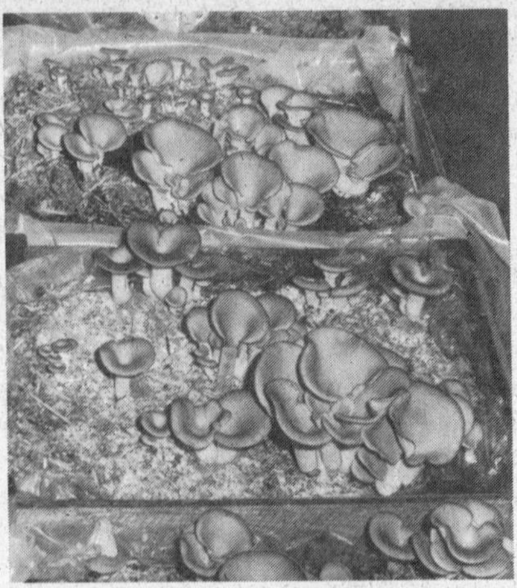

Abb. 30 Austernseitling – Kurzzeitkultur; Kisten im Ertrag (die Kisten sind innen mit Folie ausgelegt)

doch für mindestens 10 Stunden täglich. Der Lichtbedarf wird mit 100 bis 300 Lux im blauen Spektrum angegeben, bei einer Belichtungsdauer von 12 Stunden am Tage, bzw. 400 Lux für 6 bis 8 Stunden je Tag.
Wird eine intensive Nutzung der Bodenfläche angestrebt, empfiehlt sich der Anbau in Kisten oder Steigen, die zu einer Wand übereinander aufgestellt werden, wobei die offene Beetoberfläche jeweils dem Arbeitsgang zugewandt sein muß. Bis zu 5 Steigen oder Kisten kann man längsseitig übereinanderstapeln. Dabei erfolgt die Stapelung entweder längs der Raumwand oder in Form eines Doppelstapels, um eine ausreichende Standsicherheit zu erreichen. Auf diese Weise wird eine im Bedarfsfall sehr intensive Raumausnutzung erreicht. Dabei ist jedoch auch der Lichteinfall zu berücksichtigen. Die gesamte Erntefläche muß unmittelbar dem Lichteinfall ausgesetzt bleiben. Bei Unterbelichtung wird das Hut-Stiel-Verhältnis ungünstig beeinflußt, d. h. der Stielanteil ist zu groß. Die Stiellänge soll nicht mehr als die Hälfte des Hutdurchmessers betragen. In dunklen oder völlig unterbe-

lichteten Räumen würden nur hirschgeweihähnliche Gebilde entstehen. Eine normale Ertragsbildung wäre unter diesen Bedingungen nicht möglich.
Auch Pappeimer lassen sich stapeln, indem man Schicht auf Schicht übereinander legt. Die Fruchtkörperbildung erfolgt dann seitlich wie bei entsprechend gestapelten Kisten. Durch Feuchthalten des Raumes ist die Luftfeuchte gleichmäßig hoch zu halten, sie soll nach Möglichkeit 80% nicht unterschreiten.
Zum Auslösen der Fruchtkörperbildung ist eine *Luftfeuchtigkeit* von 95% günstig. Ein gelegentliches Ansprühen der Beetoberfläche ist dann empfehlenswert, wenn die äußerste Substratschicht mit jungen Fruchtkörperanlagen zu sehr auszutrocknen beginnt. Bei der Sorte 'Sil-

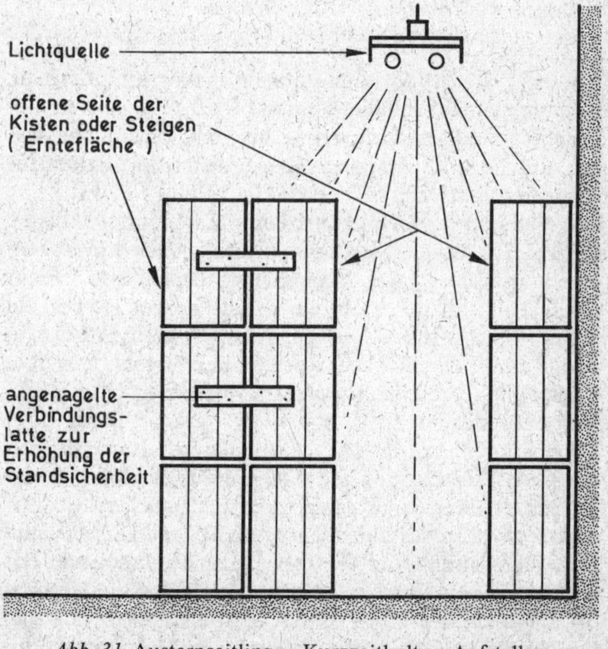

Abb. 31 Austernseitling – Kurzzeitkultur; Aufstellen der Kisten vor der Ertragsbildung

Abb. 32 Austernseitling – Kurzzeitkultur; Folie-Säcke im Ertrag

berauster' ist zur Anregung der Fruchtkörperbildung die Raumtemperatur möglichst auf 8 bis 10 °C zu senken, zur Fruchtkörperausbildung auf 12 bis 16 °C zu erhöhen und zur Anregung einer neuen Ertragswelle die Temperatur wieder zu senken.
Das Aufstellen von Säcken ist nur auf der Bodenfläche möglich. Die Anwendung von Gestellen für ein etagenweises Aufstellen von Kisten oder Säcken kann nicht empfohlen werden, da bei diesem im Champignonanbau üblichen Verfahren die unteren Etagen nicht mehr dem direkten Lichteinfall ausgesetzt sind und dadurch Probleme hinsichtlich der normalen Fruchtkörperentwicklung entstehen.
Die Ertragsbildung erfolgt beim Austernseitling ähnlich wie beim Champignon in mehreren Wellen (3 bis 4), deren Haupterntetage 10 bis 20 Tage auseinanderliegen.
Für die *Durchführung der Ernte* wird auf die entsprechenden Ausführungen bei der Langzeitkultur verwiesen. Die dort gegebenen Hinweise sind auch bei der Kurzzeitkultur zu beachten.
Als eine gute Ernte kann ein Ertrag in Höhe von 60 bis 80% der Trockenmasse des Substrats angesehen werden.

So ist z. B. von einem Sack mit 5 kg trockenem Häckselstroh ein Ertrag bis 4 kg Austernseitlingen zu erwarten.
Beimpfte Strohballen werden grundsätzlich so weiterbehandelt, wie es für Kulturen in Säcken, Kisten oder Eimern dargestellt wurde. Nach der Vorkultur in einem Raum oder auch im Freien, wobei die Substrattemperatur 30 °C nicht überschreiten und 16 °C nicht unterschreiten sollte, erfolgt die Aufstellung der Ballen zur Ernte im belichteten Raum oder im Freien, und die Folienabdeckung wird entfernt. Führt man den Anbau mit mehreren Ballen durch, sollten diese mit den Kopfseiten aneinandergelegt werden. Auch die Übereinanderstapelung von Ballen ist möglich, jedoch müssen diese dann nach Bedarf abgestützt werden. Die Kulturen sollten gegen Niederschläge durch Überbauen geschützt werden. Die Befeuchtung der Ballen erfolgt bei Austrocknung und mit Beginn der Fruchtkörperbildung nach denselben Grundsätzen, wie sie für die Kulturen in anderen Behältnissen dargelegt wurden. Wie bei diesen ist beim Anbau in Räumen durch Belüftung während der Ertragsbildung dafür Sorge zu tragen, daß der CO_2-Gehalt in der Raumluft 0,05% nicht übersteigt. Als Faustregel wird angegeben, daß bei einem höheren Stielanteil als 30% von der gesamten Fruchtkörpermasse Luft- oder Lichtmangel vorliegt.
Die Entwicklungsphasen sind bei der Strohballenkultur etwas länger als bei der Kultur in anderen Behältnissen und der Ertrag, bezogen auf die Menge des Nährsubstrats, etwas niedriger. Innerhalb eines Zeitraumes von 3 Monaten ist bei einer sehr guten Kultur mit einem Gesamtertrag bis 5 kg je Ballen zu rechnen.
Mit *Schädlingen und Krankheiten* des Austernseitlings hat man bei Erstkulturen in der Regel kaum zu tun. Erst nach wiederholtem Anbau auf dem gleichen oder unmittelbar benachbarten Standort kann es zum Auftreten von Pilzfliegen und -mücken kommen. Bezüglich ihrer Bekämpfung wird auf die entsprechenden Ausführungen bei der Behandlung des Champignon- und Träuschlingsanbaus hingewiesen.
Häufiger ist das Auftreten von *Unkrautpilzen*, die vor allem nach mangelhafter oder ungleichmäßiger Erhitzung des Substrats auftreten, und deren Fruchtkörper keines-

falls verwertet werden dürfen. Eine Bekämpfung dieser Pilze ist nach ihrem Auftreten nicht mehr möglich. Sie treten auch nicht auf, wenn sich das Austernseitlingsmyzel optimal und allseitig im Substrat entwickeln konnte. Für den Anfänger ist es wichtig, sich exakte Kenntnis über das Aussehen der Austernseitlingsfruchtkörper zu verschaffen, die mit Fruchtkörpern anderer Pilzarten nicht zu verwechseln sind. In jedem Zweifelsfall befrage man den Pilzsachverständigen. Auch auf Holz können bei mangelhafter oder mißlungener Vorkultur andere Pilzarten auftreten, so daß das eben Gesagte auch für die Langzeitkultur zutrifft.

Das Auftreten von *Schimmelpilzen* mit grünlichen oder rötlichen Sporenlagern in und auf dem Substrat während der Vorkultur führt zu Ertragsausfällen und bei sehr starkem Befall zu einem Mißerfolg. Eine Bekämpfung der Schimmelpilze nach dem Auftreten ist nicht mehr möglich. Mängel in der Substratbeschaffenheit und bei der Erhitzung desselben begünstigen die Entwicklung von Schimmelpilzen. Wird die Vorkultur in einem Raum durchgeführt, sollte man diesen jeweils vor einer neuen Belegung nach Möglichkeit desinfizieren (s. Desinfektion beim Champignonanbau).

Beim Anbau von Austernseitlingen in geschlossenen Räumen und bei starker Belegung derselben mit Kulturen können durch Sporenabscheidung von den Fruchtkörpern bei empfindlichen Personen allergische Reaktionen ausgelöst werden, von denen die Atemwege betroffen sind. In diesem Fall sollten die Betroffenen in diesen Räumen keine Erntearbeiten ausführen oder eine Atemmaske benutzen.

Der Anbau des Austerseitlings auf insterilen Schüttsubstraten nach Gramss

---

Von Gramss wird eine Anbaumethode empfohlen, die für den Anbau des Austernseitlings im Garten besonders geeignet erscheint. Sie erfordert *keine Hitzebehandlung des Substrats* und erstreckt sich über 1 bis 2 Jahre. Verwendet werden *Stroh-Holzmehl-Gemische.* Im einzelnen werden zu diesem Verfahren folgende Angaben gemacht: geeignet ist das Stroh von Erbse, Luzerne, Raps und Weizen. Das Stroh muß gut ausgereift sein. Wie beim Kurzzeitanbau ist es in gehäckselter Form zu verwenden und mit ungeleimtem Rotbuchenmehl zu vermischen, und zwar in einem Verhältnis von 70 Volumenteilen Rotbuchenmehl und 60 Volumenteilen Strohhäcksel. Als Ersatz für Rotbuchenmehl sind auch andere Laubholzarten geeignet. Der Gesamtmischung werden noch 3 Gewichtsprozent Schlämmkreide zugesetzt. Durch den Zusatz von Harnstoff oder Kalkammonsalpeter kann der Ertrag erhöht werden, jedoch nur, wenn keine überhöhten Zugaben erfolgen, sonst treten starke Ertragsminderungen ein. Der Zusatz an Kalkammonsalpeter sollte bei Verwendung von Erbsen- oder Luzernestroh im o. a. Verhältnis mit Holzmehl 0,5 kg je 100 kg lufttrockene Substratmischung nicht überschreiten. Bei Verwendung von Raps- und Weizenstroh liegt die zulässige Höchstmenge bei 0,8 kg je 100 kg lufttrockene Substratmischung. Wird Harnstoff verwendet, sind die zulässigen Höchstzusätze um die Hälfte niedriger, also 0,25 bzw. 0,4 kg je 100 kg lufttrokkene Substratmischung.

Es wird im Freien an einem sonnigen Standort eine flache Grube von 1 m Breite und 15 bis 20 cm Tiefe ausgehoben, in die man einen Holzrahmen mit angeschrägten Seitenwänden (unten etwa 3 cm breiter als oben) stellt, von den Abmessungen 30 × 100 cm und 20 cm hoch. In diese Holzform wird das vorher angefeuchtete und gut durchgemischte Substrat eingestampft, so daß nach dem Abziehen des Holzrahmens ein *Substratblock* von 0,3 m² Fläche und 17 bis 20 cm Höhe stehen bleibt. In dieser Weise wird innerhalb der Grube Block an Block gesetzt, mit jeweils 10 bis 15 cm Zwischenraum. Die Zwischenräume werden bis zur Höhe der Blöcke mit Erde ausgefüllt. Die Oberfläche der Blöcke darf aber nicht mit Erde verschmutzt werden.

Eine Ertragssteigerung ist zu erzielen, wenn man einige von Buchenastholz abgesägte Scheiben von 2 cm Dicke und einem Durchmesser von 3 bis 7 cm in die obere Schicht des Substratblocks einlegt. Nun wird die Austernseitlingssubstratbrut etwa 3 cm tief in das Substrat einge-

Zusammenstellung der Anbaumethoden und -formen des Austernseitlings

		Anbau auf Holz	
		auf Holzklötzen	auf Stubben
Vorkultur ja/nein		ja	nein
Zeitraum der Vorkultur	im Raum	Mai bis Juli oder Januar bis April	–
	im Freien	Mai bis Juli/August	–
Beimpfungstermin, wenn keine Vorkultur erfolgt		–	Mai/Juni
Zeitraum der Ertragsbildung	im Raum	–	–
	im Freien	September bis Dezember/Mai	September bis Dezember/Mai
Aufstellen des beimpften Substrats nach der Vorkultur	wann	Mai bis September	–
	wo	Garten	–
	wie	einzeln bis zur Hälfte in Erde einsenken	–
Beet-/Behältnisform		Freilandbeet	Anbau am natürlichen Standort
Dauer des Gesamtanbaus		3 bis 5 Jahre	5 bis 8 Jahre

Anbau auf Stroh und Maisabfällen (erhitzt, vergoren)		Anbau auf insterilen Schüttsubstraten nach Gramss
im Raum	im Freien	
ja	ja	zweckmäßig; nicht erforderlich
4 Wochen jahreszeitlich unabhängig	Mai/Juni oder Juli/August	April bis Juni/Juli
–	Mitte Juni/August	–
–	–	Juni/Anfang Juli
September bis Mai 'Silberauster'; jahreszeitlich unabhängig bei 'Sommerauster'	–	–
–	Mai/September bis Dezember	September bis Dezember/Mai
zu jeder Jahreszeit	April oder August/September	Juni/Juli
belicht- und belüftbaren Raum	Garten	Garten
einschichtig auf Boden oder gestapelt		Auskippen der Substratbehälter
Säcke, Kisten, Steigen, Eimer, Ballen	Säcke, Kisten, Steigen, Eimer, Ballen	Freilandbeet
3 bis 4 Monate	3 bis 5 Monate	1 bis 1,5 Jahre

legt. Man benötigt etwa 1 bis 2 Rollen (= Liter) je m^2 und zerlegt die Brut zum Einlegen in gleichmäßigen Abständen in eigroße Impfstücke. Nach dem Impfen werden die Beete mit Papier, Folie und einer Lage Bretter abgedeckt.
In der beschriebenen Weise werden die *Beete* zwischen Mitte Juni bis Anfang August angelegt. Bis Ende August bleibt die Abdeckung auf den Beeten, dann wird das Beet für die Ertragsperiode vorbereitet. Dazu wird es mit einem 12 bis 15 cm hohen Holzrahmen umgeben, der lose mit Plastfolie überzogen und erneut mit schattenspendenden Brettern belegt wird. Im Oktober kann man mit der ersten Ernte rechnen, und je nach den Witterungsbedingungen kann sich diese bis Mai fortsetzen. In diesem Zeitraum fallen die Pilze in einzelnen Wellen mit mehr oder weniger langen Zwischenräumen an. Es empfiehlt sich, die Beete über den nun folgenden Sommer ohne weitere Pflegemaßnahmen liegenzulassen, denn unter Umständen tritt im darauffolgenden Herbst nochmals eine Ertragsbildung ein, wenn auch nicht annähernd in dem Umfang wie im Herbst des ersten Anbaujahres. Je nach Bedingungen und Substratart liegt der Durchschnittsertrag zwischen 5 und 19 kg/m^2.
GRAMSS gibt an, daß sich bei Freilandparzellen besonders Rapsstroh als Zusatz zu Rotbuchenmehl bewährt hat, während sich bei Erbsen- und Weizenstroh vielfach auch Schimmelpilze entwickeln, die den Austernseitling in seiner Entwicklung hemmen. Um dieser Gefahr zu begegnen, empfiehlt GRAMSS eine *Vorkultur in Kisten,* wie sie bereits in den vorangegangenen Abschnitten beschrieben wurde. Durch diese Vorkultur, die in einem Raum unter kontrollierbaren Temperaturbedingungen erfolgt, wird erreicht, daß das Substrat völlig vom Austernseitling durchwachsen ist, bevor es in die Freilandbeete kommt.
Bei Anlegen der Vorkultur im April wird die Temperatur eines ungeheizten Kellerraumes als ausreichend angesehen, um nach einem Zeitraum von 3 bis 4 Monaten ein völliges Durchwachsen des Substrats in den Kisten mit Austernseitlingsmyzel zu erreichen. Durch Auskippen des Substratinhaltes, das durch Einlegen von Folie in die Kisten erleichtert wird, entstehen die Freilandparzellen

in der schon beschriebenen Weise und werden nach dem Freilandverfahren weiterbehandelt. Für die Vorkultur eignen sich 0,5 m^2 große Kisten mit etwa 20 cm hohen Seitenbrettern am besten. Es wird noch darauf hingewiesen, daß die erste Welle bei Erbs- und Rapsstrohsubstraten bis 70% des Gesamtertrages bringt, bei Weizenstroh bis 100%.

Der Anbau des Schopftintlings

Der Schopftintling *(Coprinus comatus)* wird erst seit jüngster Zeit angebaut. Der Anbau dieses Pilzes ist dem des Champignons sehr ähnlich. Es ist jedoch dabei zu beachten, daß zwar über die Grundzüge des Anbauverfahrens einigermaßen Klarheit besteht, daß aber weitere Versuche und praktische Anbauerfahrungen notwendig sind, um die sicherlich vorhandene Vielfalt der Möglichkeiten für die Zusammensetzung des Substrats oder die Anbauverfahren zu erschließen. Hier ist also noch Neuland für experimentierfreudige Pilzfreunde vorhanden.
In der DDR wurde bisher eine *Sorte* von *Coprinus comatus* staatlich anerkannt und für den Anbau zugelassen, das ist die Sorte 'Spargelkopf'. Diese Sortenbezeichnung deutet auf die äußere Gestalt der Fruchtkörper dieser Speisepilzart.
Sie schieben sich in oft riesigen Büscheln mit ihren spargelähnlichen schuppigen Köpfen aus dem Substrat heraus, wobei zunächst der walzenförmige Hut dem Stiel eng anliegt. In diesem Zustand muß der Pilz auch geerntet und schnell verwertet werden. Wird dieser Zeitpunkt verpaßt, dann tritt das für die Tintlinge typische Zerfließen der Fruchtkörper ein, das mit der Sporenreife einhergeht und wobei eine blauschwarze tintenartige Flüssigkeit entsteht. Mit der Aufwölbung der Hüte wird dieser Vorgang eingeleitet, und die Pilze sind in diesem Zustand nicht mehr verwertbar.
Die jungen ‚Spargelköpfe' sind eine Delikatesse. Sie haben einen hervorragenden Geschmack.
Die Spitze des Hutes ist gelblich-braun gefärbt und auch die Spitzen der abstehenden Schuppen. Im übrigen aber sind Hut, Stiel und das Fleisch weiß, solange die Frucht-

Abb. 33 Fruchtkörper des Schopftintlings, Anbau in Kisten im Raum

körper erntefähig sind. In diesem Zustand können sie ziemlich groß werden. Bis 20 cm lange Stiele, auf denen bis 15 cm lange Hüte sitzen, sind keine Seltenheit, wenn auch nicht typisch für den Durchschnitt der zu erntenden Fruchtkörper. Wie bei allen anderen Speisepilzen ist also auch beim Schopftintling die Fruchtkörpergröße kein Kriterium für den optimalen Erntezeitpunkt.

Das Nährsubstrat und seine Aufbereitung

Prinzipiell sind für den Anbau des Schopftintlings alle Substrate geeignet, die auch für den Champignonanbau Verwendung finden könnten. Das trifft vor allem auch für strohhaltigen Pferdedung zu. Entsprechend dem Feuchtigkeitsgehalt des Materials wird dies unter Zugabe von mehr oder weniger Wasser an windgeschützter Stelle zu mindestens tischhohen Haufen von 1,2 bis 2 m Breite und ebensolcher Länge aufgesetzt. Die weitere Bearbeitung erfolgt wie bei der Kompostierung von Champignonsubstrat, d. h. im Abstand von 5 bis 7 Tagen wird der Haufen etwa viermal umgesetzt, dabei das Substrat gut

gelockert und durchmischt und trockene Teile ausreichend befeuchtet. Beim *Umsetzen* sollte ferner noch Kalksteinmehl unter das Substrat gemischt werden, etwa 5 bis 10 kg auf 1 m^3. Wie bei Champignonsubstrat muß sich der Haufen nach jeder Bearbeitung auf 50 bis 60 °C oder darüber erhitzen. Um diesen Prozeß zu fördern, ist es zweckmäßig, kleinere Substrathaufen seitlich durch alte Säcke oder anderes geeignetes Abdeckmaterial gegen Zugluft zu schützen. Das fertig aufbereitete Substrat soll im Prinzip dieselben Eigenschaften aufweisen, wie sie bereits für fertig aufbereitetes Champignonsubstrat beschrieben worden sind.
Eine *Nachgärung* des Substrates, wie sie im Abschnitt über die Aufbereitung des Champignonsubstrates beschrieben wurde, wirkt sich auch beim Anbau des Schopftintlings positiv aus. Auch beim aufbereiteten Substrat für den Schopftintling müssen die Strohteile noch deutlich erkennbar sein. Auf einer schmierigen, klumpigen, übermäßig stark zersetzten oder gar faulenden Dungmasse wächst auch der Schopftintling nicht!
Aus der UVR wird über den Schopftintlingsanbau auf *Strohsubstraten ohne Kompostierung* berichtet. Hierzu liegen auch aus der DDR positive Ergebnisse vor.
Nach ungarischen Angaben wird gesundes trockenes Stroh auf eine Halmlänge von 20 bis 30 mm gehäckselt, dann in trockenem Zustand bei 100 °C eine Stunde lang gedämpft. Nach dem Abkühlen wird der Wassergehalt des Strohs auf 70 bis 75 % (1 Gewichtsteil Stroh und 2 bis 3 Gewichtsteile Wasser) gebracht und das Substrat mit einem 0,01- bis 0,02prozentigen Zusatz des Fungizids Chinoin-Fundazol versetzt. Dieses Fungizid ist im Einzelhandel für gärtnerischen Bedarf erhältlich.
Durch Zusatz von stickstoffhaltigen organischen Stoffen, z. B. Weintrester, kann der Ertrag erhöht werden.
Nach Versuchen, die in der DDR durchgeführt wurden, kann die Behandlung des Substrats mit Dampf durch eine ein- bis zweistündige Heißwasserbehandlung bei 80 bis 90 °C ersetzt werden. Bei Verwendung von Zusatzstoffen mit einem hohen Eiweißgehalt sind nicht mehr als ein Gewichtsteil auf 100 Gewichtsteile Strohhäcksel erforderlich bzw. zuzugeben.

Das Formen und Beimpfen der Beete erfolgt wie beim Champignonanbau. Wie der Champignon, kann auch der Schopftintling in *Kisten*, auf *Grundbeeten* oder auf *Stellagenbeeten* angebaut werden. Auch bei dieser Anbaumethode darf die Substrattemperatur zum Zeitpunkt der Beimpfung und danach 30 °C nicht mehr übersteigen.
Die Substratbrut für den Anbau des Schopftintlings kann vom Versandhaus Samen und Pflanzen, 5020 Erfurt, Postfach 1000 und durch die Spezialverkaufstellen des Einzelhandels für gärtnerischen Bedarf zum Preis von 5,10 Mark je Liter bezogen werden.
Sie hat die Rollenform wie Champignonsubstratbrut und ist in gleicher Aufwandmenge und nach dem gleichen Verfahren zu verwenden. Temperatur- und Feuchtigkeitsbedingungen in der Anwachsphase sind wie beim Champignon zu regulieren. Die Anwachsphase dauert etwas länger als beim Champignon. In der Regel kann nach drei Wochen *mit Erde abgedeckt* werden. Die Erde soll eine gute Krümelstruktur und hohe Wasserkapazität aufweisen, Eigenschaften also, die am besten durch einen hohen Humusgehalt der Erde erzielt werden. Gute Gartenerde, die im Verhältnis 1 : 1 mit Torf gemischt wird, ergibt z. B. eine ausgezeichnete Deckerde für den Schopftintling. In jedem Fall muß noch ein reichlicher Zusatz von Kalkstein (kohlensaurer Kalk) erfolgen, etwa 20 Teile Erde/1 Teil Kalk.
Mit dieser Mischung werden die Beete 6 cm stark abgedeckt. Danach wird das beimpfte Substrat bei hoher Luftfeuchtigkeit und einer Temperatur um 18 °C gehalten. Die Erdschicht wird gleichmäßig feucht gehalten, was durch zeitweiliges leichtes Gießen zu erreichen ist. Etwa 4 Wochen nach dem Abdecken erscheinen die Fruchtkörper. Bei Beginn der *Fruchtkörperbildung* sollte zunächst nicht gegossen werden, im übrigen wird aber wie beim Champignonanbau die Deckerdeschicht auch weiterhin durch zeitweiliges leichtes Gießen gleichmäßig feucht gehalten. Kurz vor der Ernte dürfen die Fruchtkörper nicht mehr befeuchtet werden. Während der Ertragsphase ist die Temperatur bei 16 bis 18 °C zu halten, die Luftfeuch-

Abb. 34 Schopftintlingsanbau im Frühbeetkasten

tigkeit bei 90%. Die Ertragsperiode hält bis 10 Wochen an. Der Ertrag fällt wie beim Champignon in einzelnen Ertragswellen an.

Für die Fruchtkörperbildung wird eine geringe Lichtintensität für erforderlich gehalten. Der Anbau des Schopftintlings ist während der Sommermonate auch im Frühbeet bzw. an schattigen, windgeschützten und überbauten Stellen im Garten möglich. Beim Anbau im Freien ist in jedem Fall die direkte Sonneneinstrahlung zu verhindern. Während der Ertragsperiode kommt es darauf an, übermäßig hohe Temperaturen zu vermeiden. Als Anwachsperiode ist deshalb der Zeitraum zwischen Mitte Juni und Mitte August besonders geeignet, für die Ertragsperiode der Zeitraum von Ende August bis Anfang Oktober. Unabhängig von der Jahreszeit kann der Anbau in heizbaren Räumen während des ganzen Jahres durchgeführt werden. Die Räume müssen aber nach denselben Prinzipien wie beim Champignonanbau entlüftet werden können.

Leider wird auch der Schopftintling von Pilzmücken und -fliegen befallen, und auch die beim Champignon auftretenden Infektionskrankheiten wurden beim Schopftintling beobachtet. Deshalb sind *vorbeugende Bekämpfungsmaßnahmen* anzuraten. In diesem Zusammenhang wird auf die entsprechenden Ausführungen für den Champignon verwiesen.

Für die *Verwendung der geernteten Pilze,* die nicht abgeschnitten, sondern abgedreht oder von der Stielbasis abgebrochen werden, gilt folgende Vorschrift:

- Es ist nur der Verkauf der Kulturform (keine Wildfunde) des Pilzes zulässig, die unter Verwendung von Brut (Pflanzgut) anerkannter Sorten angebaut wird.
- Der Verkauf von Zuchtpilzen ist nur an Direktverbraucher (Einzelabnehmer, Gaststätten, Großküchen, Krankenhäuser usw.) statthaft.
- Die gültigen Preise sind den amtlichen Preislisten der Wirtschaftsvereinigung OGS der einzelnen Bezirke zu entnehmen.
- Der Pilz ist nur im Jugendstadium vor der Sporenreife zu ernten, wenn das Hutfleisch noch fest und weiß ist und dem Stiel eng, walzenförmig anliegt. Der Hutrand darf weder rosa noch schwarz verfärbt sein. Bei älteren Exemplaren zerfließt das Hutgewebe zu einer tintenartigen Flüssigkeit.
- Es dürfen nur frisch geerntete Pilze mit geschnittenem Stiel verkauft werden. Sie müssen gesund und sauber sein. Das Waschen ist jedoch erst unmittelbar vor der Zubereitung zulässig. Fruchtkörper mit Mißbildungen und Beschädigungen sind auszusortieren.
- Die Verpackung der Pilze bei Normallagerung erfolgt in Papiertüten oder Spankörben. Bei Kühllagerung (+2 bis +4 °C) kann die Verpackung in geeigneten perforierten Plastbeuteln erfolgen.
- Die Pilze sind innerhalb von 24 Stunden nach der Ernte, bei Kühllagerung (+2 bis +4 °C) innerhalb von 48 Stunden nach der Ernte zu verbrauchen.
- Der Erzeuger des Pilzes ist verpflichtet, den Abnehmer beim Verkauf im Sinne dieser Vorschrift zu informieren.